梁启超：生命是一颗从里面打破的蛋

鲁立智 编著

【大师开讲】

全国百佳图书出版单位
时代出版传媒股份有限公司
黄山书社

图书在版编目（CIP）数据

大师开讲·梁启超：生命是一颗从里面打破的蛋 / 鲁立智编著. -- 合肥：黄山书社，2014.5

ISBN 978-7-5461-4456-6

Ⅰ. ①大… Ⅱ. ①鲁… Ⅲ. ①梁启超（1873 ~ 1929）-语录 Ⅳ. ①K811

中国版本图书馆 CIP 数据核字（2014）第 077167 号

DASHI KAIJIANG · LIANG QICHAO SHENGMING SHI YI KE CONG LIMIAN DAPO DE DAN

大师开讲·梁启超：生命是一颗从里面打破的蛋 鲁立智 编著

出 品 人 任耕耘
选题策划 任耕耘 杨 雯
责任编辑 张月阳
特约编辑 李晓阳 赵迪秋
装帧设计 齐 娜
出版发行 时代出版传媒股份有限公司（http：//www.press-mart.com）
黄山书社（http：//www.hspress.cn）
地址邮编 安徽省合肥市蜀山区翡翠路 1118 号出版传媒广场 7 层 230071
印 刷 安徽国文彩印有限公司
版 次 2015 年 6 月第 1 版
印 次 2015 年 6 月第 1 次印刷
开 本 880mm × 1230mm 1/32
字 数 130 千
印 张 8.25
书 号 ISBN 978-7-5461-4456-6
定 价 28.00 元

服务热线 0551-63533706
销售热线 0551-63533761
官方直营书店（http：//hsssbook.taobao.com）

目录

总要在社会上常常尽力（代序）

梁启超（1873—1929），字卓如、任甫，号任公，别号饮冰室主人，广东省新会县人，人称梁新会。中国近代著名的启蒙思想家、政治活动家、教育家、史学家、文学家。

政治上，他是公车上书、戊戌变法的领导者之一，也是反对袁世凯、再造共和的领导者之一，为国事而奔忙了大半生，其间经历了许多的生生死死。

言论上，他是中国新闻史上的重要人物，对中国早期报刊政论文有巨大贡献，从事报刊活动 27 年，一生创办报刊 17 种，戈公振在《新闻学撮要》中评价：“我国报馆之崛起，一切思想的发达，皆由先生启其端。”

学术上，他涉猎广泛，在哲学、文学、史学、经学、法学、伦理学、宗教学等领域，均有建树，其中又以史学研究成绩最著。教育上，他不但是倡导五四新文化运动的风云人物，清华国学院四大导师之一，更是“一门三院士，子女九名家”的成功父亲。

任公年少成名，阅历丰富，才大如海，著述等身。他留给我们的，是使人“一生受益”（梁思礼语，《广州日报》2005 年 5 月 12 日专访）的多达一千万字的财富。如何才能拥有这样的财富，我想，通过分类取精、联系现实的方式，是可取的，也是必要的。本书的编撰是在通读任公著作的基础上进行的，在深入任公的世界后，任公的精神境界以及人生追求便扑面而来。

他的人生追求很简单，“总要在社会上常常尽力”（《1919 年 12 月 2 日致思顺书》），从他与恩师康有为第一次见面起，直至认识到“革命成功将近十年，所希望的件件都落空。政治黑暗混乱，中华民国仅存招牌而已”而退出政坛，他主要是在政治层面为国尽力。但政治上的失望并没有让他消沉，他晚年专注学术，也无非是从政治转到了文化、学术层面，仍然是受为社会尽力的想法的推动。他这样要求自己，也这样要求弟子们、儿女们。

他的政治生涯并不成功，学术做得也不是最好，他的人生却是伟大的，唐蟒有挽联评价道：“开中国风气之先，论功不在孙（中山）黄（兴）后。”梁漱溟在《纪念梁任公先生》中说：“总论任公先生一生成就，不在学术，不在事功，独在他迎接新世运，开出新潮流，撼动全国人心，达成历史上中国社会应有之一段转变。”简而言之，他的伟大，在于他的人生境界，“凡任天下事者，宜自求为陈胜、吴广，无自求为汉高”（《1896 年与严幼陵先生书》）。没有私心，不求功自己出；眼光长远，甘为他人铺垫。

任公之所以有如此的境界与追求，皆在于他的自信。他的自信，不是建立在政治才能上，也不是建立在学术造诣上，而是建立在教化世人的理想上。他的理想远远不只是在某一领域获得成功，他要做的是圣人。他自谓为“现在中国不可少之一人”，又说，“数年以后，无论中国亡与不亡，举国行当思我耳”（1911 年致函上海某报主笔）；其诗亦有“献身甘作万矢的，著论求为百世师”“十年以后当思我，举国犹狂欲语谁”之句。

任公承继了严复等人的思想，在《新民丛报》开办伊始，便开宗明义道：“本报取《大学》新民之义，以欲维新吾国，当先维新吾民。”《大学》本有“新民”之说，而任公所谓“新民”则是指近代意义上国民道德的改造与更新。

基于“新民”说，任公又提出“新道德”的观念，所谓“新道德”指的就是“公德”，故说“知有公德，而新道德出焉矣，而新民出焉矣”。新民就是要用新道德启蒙人民，而新道德就是爱国、爱群、爱真理等公德，是国家意识、进取意识、权利思想、自由精神、自尊合群、义务思想等国民意识，或曰公民意识。任公认为，在列国并立、弱肉强食的时代，民族国家的自立之道，首要者在于树立“国民”之意识，即一国之公民的意识。他认为这是学习西方政治制度、学术制度及各种科学技艺的根本所在。他所强调的是，国民必须明确自己对于群体、国家所负担的义务，以求益群利群，不可只享受群体的好处而不承担责任。过于注重“身”的人难免对“群”有忽视。中国要从衰落转向振兴，一定要加强国民对“群”的责任意识。

也正因为如此，他的文字中充满了教导和批判。作为社会活动家及教育家，任公著作所涉及的内容是极其丰富的，因为字数及其他方面的限制，本书仅从几个方面进行赏析，但这无法代表任公思想的全部。另外，这些不同方面的言论，针对的是不同的人群，所以本书各章的书写，也有特定的群体指向。

最后，作者想说的是，本书的创作，不仅是对任公思想的说明、生发、补充，而且也包括部分异议。可以说，里面的部分内容，也有借他人酒杯，浇自己块垒的意味。

第一章

自处与交往

人应该生活，而不仅仅是生存。很多时候，我们都过着同样的生活，这样的日子很舒坦，但直到你发现这一年又什么也没做，也没有真正去享受生活，到年华老去回首往事时，才发现满是遗憾。这样的日子其实只能算是活着。如果你想真正地生活，真正地体验生活，最大限度地享受生活，而不是只为了生存勉强度日，那么，你应该想想自处之道。

思想需要独立

狂澜滔滔，一柱屹立，醉乡梦梦，灵台昭然，丈夫之事也。自由何如也！（《论自由》）

人云亦云，人为亦为，似乎是很多人的通病，又似乎没有人把它看成病。一个笑话讲，乙追求流行的东西，甲问：凡是流行的，都是好的吗？乙答：当然。甲反问：那流行感冒呢？乙无言可对。很多人都在笑话乙，却没有意识到自己就是乙。

自由和独立，不仅是外在的，更是内在的。能够独立地思考，自由地思想，这样的人顶天立地，即使长得矮小；这样的人生活充实，即使事少人闲。任公《成败》中也说过："磊磊落落，独往独来，大丈夫之志也，大丈夫之行也。"

懂得取舍则无畏

凡人之有所畏缩也，必其于事理见之未明者也。（《新民说》）

人们经常犹豫、畏惧甚至退缩、后悔，这是为何？有人会说，因为事情所涉及的总不止一个方面，这是需要仔细权衡的——可惜命运不会给我们太多权衡的时间。老虎在后面紧追不舍，被追者越涧穿林如履平地，他不会去权衡林涧的难行，因为克服难行才会免去危险。

成功与失败，不在于你经过了多长时间的权衡，而在于你能明了哪些事情该做，哪些事情不该做。使人畏缩的，不是事情本身；令人无畏的，是明了取舍的必然。

开先就是成功

其所为之事，至今未有一成者，然常开人之所不敢开。每做一事，能为后人生出许多事。（《康南海先生传》）

在意成败，就不敢开先。关注个人发展，不该在意成败；参与社会事业，更不该在意成败。

就个人而言，康有为在意成败，成功要自我手出，所以，变法之后的作为，总是背道而驰，成功离他越来越远；梁启超不在意成败，有历史的、动态的眼光，变法之后的人生丰富而多彩，在政治、新闻、史学、文学等领域都取得了巨大成就。

就国家而言，康、梁等领导的戊戌变法，目的是为了令中国富强，变法引发了其他人为中国的富强而奋斗，并最终得以成功。由此看来，慈禧虽成功，在历史上却失败了；康梁虽失败，在历史上却成功了。

有希望才有进步

英雄之所以为英雄者，固恃希望为之先导，而智虑才略，皆随希望以为消长者也。有希望则常人可以为英雄，无希望则英雄无以异于常人。盖希望之力，其影响于人者固若是其伟且大也。（《说希望》）

希望是人生的动力，看到前面的路，有了明确的目标，才会生发前进的动力。

希望还是提高能力的要素。有了希望，才有探索未知事物的动力，于是学习成了自觉的行为；有了希望，才有与人合作、分享的想法，于是交友成了自觉的行为……没有希望，人就不会进步。

立志是一门功课

> 立志之功课，有数端：必须广其见识，所见日大，则所志亦日大！……志既定之后，必求学问以敷之，否则皆成虚语，久之亦必堕落也。（《湖南时务学堂学约》）

相比任公在学堂中定下立志的功课，很多现代人缺乏志向，即便有，大多是如何不缺钱的念头。这样的念头导致了受不受教育、受何种教育变得无关紧要；教育与职业之间、职业与道德之间亦毫无关联。

现代人应该立志，也应该懂得如何立志。首先要做到的，不是视金钱如粪土，而是要找到金钱以外的价值。

如何行动

阳明学之真髓曰："知行合一。"知而不行，等于不知，独立者，实行之谓也。（《独立论》）

每个人都有人生的理想，但有人实现了，有人则仅限于空想，原因只有一个：做与不做。

人生如登山，山脚下看到的风景和山腰处不同，山腰处看到的风景和山顶也不同。当你完成第一个设想，达到了新的境界，自然会调整下一个设想。就这样，你不断地调整最初的设想，理想也不断地发生改变，当理想变得"面目全非"之时，突然，它就这样实现了。

自信才可能实现价值

彼古人之所以能为圣贤、为豪杰者，岂不以其能自有我乎哉？使不尔者，则有先圣无后圣，有一杰无再杰矣。（《论自由》）

人要自信。要相信自己不比别人差，要相信自己拥有成功的潜力。能不能成功取决于很多客观条件，敢不敢想、敢不敢做却只取决于自己。

自信源于自知之明

其在个人，苟不自知其性之所短所长，则末由扩充矫正以自致于用。（《敬举两质义促国民之自觉》）

成功的人，是自信与自知结合的人。人们常说，太过自信会导致自负，其实不然，如同驾驶汽车，自信是前进的动力，自知是对速度与方向的控制。只要有自知之明，无论如何自信，都是好的。

一个人有没有智慧，不在于能否评价别人，而在于能否看清自己。古人之所以强调“自知者明”（《老子》）“自见之谓明”（《韩非子》），正在于此。能够正确认识自己的人，才有可能产生真正的自信。

养成自信的方法

天下人固有识想与议论过绝寻常，而所行事不能有益于大局者，必其自信力不足者也。（《十种德性相反相成议》）

自信是人生必备的素养之一。自信心的养成，有很多方法。看到别人的优点与成就，可以佩服，但不必艳羡，每个人都有自己的优点与成就，只是自己没有意识到而已。意识到自己所拥有的，才不会自卑，这是自信的基础。

碰到阻碍的时候，逃避问题或借酒消愁，对解决问题没有任何帮助，要告诉自己，没有过不去的坎，只是时间长短而已。意识到自己永远有路可走，才不会退缩，这是自信的起点。

遭遇失败的时候，不要耿耿于暂时的得失，天下没有白费的努力，成功不必在我，而功力必不唐捐。意识到过程具有永恒的价值，才不会丧气，这是自信的完善。

生活可以平淡，但不要让自己陷入机械，你不是被动的奴隶或无觉的机器，生活随时随地都可以丰富多彩起来。意识到生活是自己创造的，才不会枯寂，这是自信的升华。

自信不是骄傲

自信与骄傲有异；自信者常沉着，而骄傲者常浮扬。自信者在主权，而骄傲者在客气。（《变法通议》）

自信是动力，自信的人不会因为具备能力而松懈，而是以旺盛的精力发展自己；骄傲是阻力，骄傲的人无论是否具备能力，都心怀懈怠，时时为自己找寻松懈的理由。

加入众生的喧嚣，还是俯视喧嚣的众生？

凡人之鄙也，忿争也，必其所见极小，目光心力尽日营营于此极小之圈限中，以生此弊也。（《变法通议》）

与人交流，免不了产生矛盾，有些人雍容雅量，有些人却睚眦必报。有人强调这是性格，其实这是修养。

高楼林立，身处人潮之间，心情就容易焦躁；登楼望远，周回眺望之际，心胸就容易开阔。同样身处城市之中，却有不同的心境，因为一个是平视，一个是俯视。平视者只看到众生的喧嚣，心中就只装载了喧嚣；俯视者看到的是喧嚣的众生，心中装载的即是芸芸众生。你是想加入众生的喧嚣呢？还是想俯视喧嚣的众生？

不必看重结果

启超常持一论，谓凡任天下事者，宜自求为陈胜、吴广，无自求为汉高，则百事可办。（《1896 年与严幼陵先生书》）

做事总有成败，若成败之念横亘胸中，就会令人畏首畏尾，难以全情投入。相反，不在意成败，反而容易将自己的才能尽情发挥。

不在意成败不是为了将事情做得更好，若如此，你仍然在关注成败。在智者心中，事情的结果并不比过程更值得在意。结果是人生的一个点，过程却是人生的一条线：结果转瞬即逝，前一个结果与后一个结果间没什么必然联系；而过程代表阅历，前一个过程必然影响后面多个结果。由是观之，孰轻孰重？

道德是利群的

且论者亦知道德所由起乎？道德之立，所以利群也。（《新民说》）

子贡问曰："有一言而可以终生行之者乎？"子曰："其恕乎！己所不欲，勿施于人。"推己及人，由利己而利群，乃谓道德。

没有闲暇，谈何高尚

休息者，实人生之一要件也。中国人所以不能有高尚之目的者，亦无休息实尸其咎。（《新大陆游记》）

人生要有意义，也要有意思。而从某种程度上说，有意思就有意义，有意思才有意义。把意思找出来，意义自然就出来了，所谓幸福也正蕴含其中。闲暇，不只是人生的调剂，而是人生的本质。

梁实秋曾言：“人类所谓‘文化’，其实就是使人于衣食住之外设法谋取一点闲暇的努力。人类若是整天忙着找食吃，没有一点闲暇，那还成什么生活？现在有闲暇的人少，这证明我们的文化还不够高。如何才能使没有闲暇的人也获得闲暇，兹事体大，这是要慢慢地绞点脑汁流点血才有办法的事，绝不是有闲暇的人在闲暇的时候在文学里所能救济的。”

修身是享受，高尚是利己

吾人不必求无欲，无欲者决非吾人之所能及也，无宁先自审择决定以何物为最上，而集注一切之欲念以向之。究之无欲云者，无世俗之欲云尔。（《自由书》）

一讲修身，似乎就是克制欲望；一讲高尚，似乎就要损己利人。其实，真正的修身是享受的，真正的高尚是利己的。

你可以享受而不致虚度人生。修身的本质不在克制欲望，而在于引导欲望去追求更有益于身心发展的事物，超越本能而趋向雅致。

你可以利己而不致品质堕落。高尚的本质不在损己利人，而在于爱人如爱己，人若如此，才有分寸，才会在利己的时候自然地利人。《论语》云："夫仁者，己欲立而立人，己欲达而达人。"

高尚的人是懂得反省的人

治身之功课，当每日于就寝时，用曾子三省之法，默思一日之言论行事，失检者几何，而自记之。始而觉其少，苦于不自知也；既而觉其多，不可自欺，亦不必自馁。一月以后，自日少矣。（《湖南时务学堂学约》）

高尚的人不是完人，不过是一个懂得反省自身、不断改正缺点的人。

何为后悔

君子之悔，其既悔既改也，常泰然若释重负，神明安恬；小人之悔，其既悔既改也，常腼然若背有芒，夜夜忐忑。君子之悔，一悔而不后再悔；小人之悔，且又将有大悔之在其后也。（《自由书》）

有的人悔过，是认识到自身的错误，为了自身的进步而主动改正，心中轻松；有的人悔过，是别人看到了他的错误，为了迎合别人的目光而被动改正，背上了别人的目光。

君子悔前，小人悔后，君子因为自身的错误而悔恨，改正的是自身错误的行为，不会因事情的成败而耿耿于怀；小人因为事情的失败而悔恨，改变的是做事的方法，每一次的失败都会令其再度后悔。所以，君子只悔一次，小人则悔了又悔。

悔改的步骤

盖不悟则其悔不生，不改则其悔不成。（《自由书》）

第一步是反省，找到自己的错误。《孟子》云：“自反而不缩（解作‘理直’），虽褐宽博，吾不惴焉？”若发现自己错了，面对任何人，都会因错误的行为而惴惴不安，没有这样的心态，就不是彻底的反省。

第二步要改正，才有悔改的落实。《六祖大师法宝坛经》云：“悔者，悔其后过，从今以后，所有恶业、愚迷、骄诳、嫉妒等罪，今已觉悟，悉皆永断，更不复作，是名为悔。”再也不犯这样的错误，才是真正的改。

每天改一点

语曰：君子之作事也无悔。悔也者，殆非大贤豪杰之所当有乎？虽然，佛教曰忏悔，耶教曰悔改，孔子曰过则勿惮改，凡古今大宗教教育之主旨，无不提倡此义，以为立身进德不二法门，则又何也？

《大易》四动，曰“吉凶悔吝”。吝者凶之原，而悔者吉之本也。悔何以为吉之本？凡人之性恶也，自无始以来，其无明之种子，久已熏习于藏识中。故当初受生之始，而无量迷妄，既伏于意根矣；及其住世间也，又受众生恶业熏习所成的社会之熏习。彼此相熏，日习日深，虽有善根，而常为恶根所胜，不克伸长，不克成熟。于是乎欲进德者不可不以战胜旧习为第一段工夫，《大学》曰：作新民。能去其旧染之污者谓之自新，能去社会旧染之污者谓之新民。若是者非悔未由。悔也者，进步之原动力也。（《自由书》）

欲提升品质，不在于是否每天都做了好事，而在于是否每天都改了缺点。人心如同镜子，想要让它明亮照人，只需擦去上面的灰尘。古之圣贤明白这个道理，所以《淮南子》记载，“蘧伯玉年五十而知四十九年非”。

曾子曰：“吾日三省吾身——为人谋而不忠乎？与朋友交而不信乎？传不习乎？”曾子的反省，并没有面面俱到，我们也不必一股脑找到自己的全部缺点，每天找到一些明显的，终究连最细微的也会改正。当你成了明亮的镜子，别人自然愿意接近你，也愿意拿你来照他自己。

不轻视常人、小事

愈自重者愈不敢轻薄天下人，愈坚忍者愈不敢易视天下事。（《十种德性相反相成议》）

巨大的成功绝不是一个人所能成就，办大事的人，不会轻视他人，不会轻视小事。

每一个人都有他的优长，能够使每个人都恰如其分地承担责任，是成功的必要条件，这不是轻视他人之人所能做到的。

每一件小事都会对所做事业产生影响，很多影响虽是隐性的，却是巨大的。成功的机会只有一次，而失败的因素却数不胜数，这就需要对任何事情都兢兢业业，如履薄冰，这不是轻视小事之人所能做到的。

掌握真理的人才有勇气

为两千年来翻案，吾所不惜，与四万万人挑战，吾所不惧。（《保教非所以尊孔论》）

人们总是强调生活的技巧，但没有规矩，不成方圆，工匠的巧建立在规矩之上，生活的巧建立在真理之上。真理有两种，自然的真理和人生的真理。将人生的真理横亘于胸，生活就会充满勇气。古代的圣贤们是这样做的，近代的伟人们也是这样做的。

生活的技巧帮助人们规避问题，生活的勇气帮助人们面对问题。两种皆能产生功用，但勇气更深刻、更彻底；两种皆会面临失败，但勇气更坦然、更从容。

无欲则刚

一个人有了刚强的能力，凭你有多大的压力，要我行虚伪不诚实，便抵死不干。勤劳亦是这样。凡人欲能护卫自己，不使堕落，非恃刚强不行。（《教育应用的道德公准》）

人应该刚强，但刚强不是体现在表面，而是体现在内心。子曰：“吾未见刚者。”或对曰：“申枨（孔子弟子）。”子曰：“枨也欲，焉得刚？”（《论语》）林则徐由此而体悟到：无欲则刚。欲望会导致种种堕落，战胜自己的欲望，才是真正的刚强。

心安理得

心安理得，海阔天空。（《新民说》）

人们习惯于说：退一步，海阔天空。此言的本意自然是好的，但人们在接受的时候，往往会断章取义。强调了忍让，势必忽视了对错。没有了对错，忍让也就成了懦弱。如此，你的内心只会憋屈，怎会海阔天空？

任公认为，海阔天空的不是你的身体，而是你的内心。只要内心坦坦荡荡，就算与他人正面冲突，也会义无反顾；就算遭受重大挫折，也会勇往直前。这才是有为之人的心胸！

能独自生活的人，不是野兽，就是上帝。人际的交往是永恒的，不可避免的。

而与人交往的最高境界，大概就是“感同身受”。

感同身受是敏锐，也是包容，它能让我们进入更大、更清净的慈悲状态，在这种状态下，我们总是感到轻松、光明。

换位思考

己且冷而欲责人之热，彼且倦而欲责人之勤，乌乎可哉！（《1900 年 2 月 28 日致〈知新报〉同人》）

宋代林逋《省心录》云：“以责人之心责己，则寡过；以恕己之心恕人，则全交。”懂得时时换位思考的人，不但少犯错误，而且容易获得友谊。

只有自己先去做，你才会知道灵魂能走多远。任公亦如此呼吁：“愿我士我大夫，皆移其责望人之心以自望自责，则天下事之可为者，未有量也。”

友谊就该是功利的

道莫善于群，莫不善于独。独故塞，塞故愚，愚故弱；群故通，通故智，智故强。（《变法通议》）

朋友不仅仅是情感的依偎，还是智力的渊薮。培根《论友谊》说："讨论犹如砺石，思想好比锋刃，两相砥砺将使思想更加锋利。"

砥砺性情，相得益彰，从这个角度说，友谊是功利的，《论语》云："无友不如已者。"

天下第一难事

其实躯壳与躯壳相处，乃世界上第一难事，数年共事而无一嫌隙者，古今几无其人。……可见近而不相得乃天地间一定不能免之事。（《1897 年 3 月 3 日致康有为书》）

一生中与自己矛盾最多的是什么人呢？是与自己最亲近的人，所谓“舌头哪有不碰牙的”。有了这样的心理准备，矛盾便与情绪分离，不掺杂情绪的矛盾，就成了彼此合力解决的对象了。

感情需要经营

弟子以为权术不可不用，然不可多用也。非开心见诚，不能得豪杰必矣。（《1900 年 2 月 20 日致康有为书》）

开心见诚是与人交往的必要条件。所谓的“诚”，大概包括诚实的品质、诚挚的情感、诚恳的态度等。然而，感情（亲情、友情、爱情）是双方的事情，很多时候，“诚”字尚未发生功效而矛盾已然产生。

所以感情需要经营。这不是教人要诈。如同不善经营的商家只顾赚钱，他的事业就会陷入低谷；善于经营的商家想着双赢，他的事业很快就会拓展。以诚为本，善加维护与经营，在这一点上，商道即人道。

得善友不等于得进步

直谅多闻，善相劝，过相规，友朋之益，视师长有加焉。（《湖南时务学堂学约》）

人可能因为品行不端的朋友走向歧途，可能因为品行正直的朋友更加进步。什么样的朋友能够使人进步呢？《论语》告诉我们："友直，友谅，友多闻，益矣。"同正直的人交友，同诚信的人交友，同见闻广博的人交友，这是有益的。

然而，能不能得到益处，最终取决于自身的素质：是否具有积极向上的动力，是否具有辨别是非的能力，是否具有知错就改的勇气。

要有谠言直论之友

爱同己者，常人之性也，爱异己者，求益之道也。（《自由书》）

普通人把言和意顺之人当成好朋友，聪明人把谠言直论之人当成好朋友。言和意顺之人，心、口不一定相符，相符则于己之进步毫无裨益，不符则陷己于不利。谠言直论之人，口内所说即心中所想，有理则有助自身的进步，不确亦见出朋友之真诚。爱同己者，宽于己而严于人，与己不同则矛盾骤起；爱异己者，宽于人而严于己，与人为善而友谊长存。

肝胆相照的境界，感同身受的慈悲

其事为己所不能任者，必自白之，不轻许可，及其既任，则以心力殉之；有过失，必自知之、自言之而痛改之，盖光明磊落，肝胆照人焉。（《康广仁传》）

看出、说出别人的快乐，也增加我的快乐；替别人看出、说出苦痛，也减少我的苦痛。（《美术与生活》）

人际关系中，肝胆相照是非常难得的境界。怎样才能达到如此的境界呢？大约就是对朋友诚恳，对自己严格。帮助朋友是应该的，能做就要竭尽所能；若不能，则要明白告知，千万别平日里显现热心，有事时搪塞推托。伤害了朋友要坦诚，遮遮掩掩、心存侥幸，不是与人长久相处之法。

而与人交往的最高境界，大概就是“感同身受”。

感同身受是敏锐，也是包容，它能让我们进入更大、更清净的慈悲状态，在这种状态下，我们总是感到轻松、光明。

明了长短而不求全责备

天下人物，有长必有短，然长处恒与短处相缘，短处亦与长处相丽。（《宗教与哲学家之长短得失》）

任何人都不是完人，求全责备之人不会有朋友，正所谓水至清则无鱼。容许别人有缺点，并“择其善者而从之，其不善者而改之”（《论语》），才是与人交往的态度。

第二章

趣味与学问

欣赏自然就是对生命的关注。天空的燕子，花间的蝴蝶，湖里的游鱼，草坪的小狗，墙角的车前草，河边的垂柳，水里的荇菜，每一幅都是动人的画面。而桃李杏、梅竹菊更是颇有古风雅韵。

人生所需无非“胸中的一副别才，眉下的一双别眼”。所以风景并不在别处，就在心间与眉下。

无趣的人生是不值得过的

> 人若活得无趣，恐怕不活着还好些，而且勉强活也活不下去……所以我虽不敢说趣味便是生活，然而敢说没趣便不成生活。（《美术与生活》）

《小窗幽记》上说：“田园有真乐，不潇洒终为忙人。诵读有真趣，不玩味终为鄙夫。山水有真赏，不领会终为漫游。吟咏有真得，不解脱终为套语。”

如果有人问：生活最需要什么？答案可能很多，但一切都源于趣味。趣味是行动的原动力，没有趣味，就不会产生自主的行动；没有自主的行动，人就等同于行尸走肉。生活能否算是生活，不在于是否吃穿不愁，是否有事可做，而在于是否有趣味。

趣味是荒漠中的一丝清凉、点点绿意

人必常常生活于趣味之中，生活才有价值。若哭丧着脸挨过几十年，那么生命便成为沙漠，要来何用？（《学问之趣味》）

有人说，我没什么趣味，可为了家人幸福，子女成才，我做什么都拼命，这就是我的价值啊！可是，如果你拼到最后仍然不能使家人幸福、子女成才又当如何？人生的价值不仅包括对别人的责任，还包括对自身的责任，包括提升生存的技能和生存的质量。不断地丰富与完善自性，人生方不致沦为一片“真实的荒漠”（鲍德里亚语）。

有些人不知道对哪些事物感兴趣，也不知道对哪些事物不感兴趣。所以，他既体会不到趣味带给人生的快乐，也无法了解缺乏趣味带给人生的悲哀。

做一个悠游的时光旅行者

忽然间超越现实界闯入理想界去，便是那人的自由天地。（《美术与生活》）

人只有在趣味里才会忘我，忘掉那具戴上面具终日打拼的皮囊，忘掉那颗被判西西弗斯苦役的灵魂……你是如此的自由。

所有兴趣都有一个特点：只要你关注它，它随时能够让你从现实中得到解放。

拥有一颗滋润的心

人怎样会活得无趣呢？第一种，我叫它做石缝的生活。挤得紧紧的没有丝毫开拓余地；又好像披枷带锁，永远走不出监牢一步。第二种，我叫它做沙漠的生活。干透了没有一毫润泽，板死了没有一毫变化；又好像蜡人一般，没有一点血色，又好像一株枯树，庾子山说的“此树婆娑，生意尽矣”。这种生活是否还能叫做生活，实属一个问题。（《美术与生活》）

从古至今，不知道有多少人感慨生活的无聊，任公从两个角度进行了分析：其一，外界的压力，迫使你没有时间做自己感兴趣的事情；其二，自身的因素，不知道自己有没有兴趣，有哪些兴趣。

其实，一切都根源于自身。佛家说“三界唯心，万法唯识”，抛开唯心唯物，这话不过是要你关注意识的能动性。环境还是那个环境，在不同的人物身上，却有不同的作为。有人说自己工作繁忙，没时间看书，但有那么多的成功者，无论多么繁忙都能够看书；有人说自己经济困难，没能力承担，但有那么多的兴趣不需要一分一毫……如果要找借口，什么都是理由；如果想活得精彩，什么都能成为兴趣。

在那个结果之前，一切都是美丽的

鄙人自问生平无他异人处，惟对于一切事，皆觉兴味浓挚。求学有然，治事亦有然，凡有可以劳吾心劳吾力者，则当其服劳之时与既劳之后，皆觉有无限之愉快，至于其勤劳所得之报酬如何，则不暇问也，以故亦永无失望沮丧之时。（《初归国演说词》）

人生是个过程，结果都一样，你所拥有的只有这个过程。勘破此节，这过程中的一切细节便立即熠熠生辉，一切都显得那么美丽而可爱。

保持心性的明净

感觉器官敏则趣味增，感觉器官钝则趣味减；诱发机缘多则趣味强，诱发机缘少则趣味弱。（《美术与生活》）

你被事务束缚，没有心情关注其他，却不知道这样的状态是错误的，反认为自己一心想着“正经事”。放弃你的自以为是吧，你的“关注”不会为你提高一点效率，只会让你越来越迟钝。

保持心性的明净你就对所有的机缘都洞若观火，一个动机触发另一个动机，生生不息却不扰自性，这样的人生才是通达而有趣的。

心间与眉下的自然

人类任操何种卑下职业，任处何种烦劳境界，要之总有机会和自然之美相接触——所谓水流花放，云卷月明，美景良辰，赏心乐事。只要你在一刹那间领略出来，可以把一天的疲劳忽然恢复，把多少时的烦恼丢在九霄云外。（《美术与生活》）

欣赏自然就是对生命的关注。天空的燕子，花间的蝴蝶，湖里的游鱼，草坪的小狗，墙角的车前草，河边的垂柳，水里的荇菜，每一幅都是动人的画面。而桃李杏、梅竹菊更是颇有古风雅韵。

人生所需无非“胸中的一副别才，眉下的一双别眼”。所以风景并不在别处，就在心间与眉下。

跳出来，是技巧，也是境界

在这种潇洒出尘的境界里，脑子还是装满了政治问题，天下有这种杀风景的人吗？（《南洋所感》）

陶渊明说："结庐在人境，而无车马喧。问君何能尔，心远地自偏。"

"分心"是一种生活技巧，也是一种审美境界。人生不是由一两件事情组成的，成功不是由一两件事情决定的。人可以从纠缠的世故中跳出来，也必须常常跳出来。

道德是真正的趣味

欲求减物质上之欲，则非增精神上之欲，不能为功。（《自由书》）

凡有过人之才者，必有过人之欲；有过人之才，有过人之欲，而无过人之道德心以自主之，则其才正为其欲之奴隶，曾几何时，而销磨尽矣。（《论自由》）

克制欲望是道德的，或者反过来说，道德就是克制欲望。

一段有趣的人生，不是纵欲的人生。恰恰相反，逍遥不是消极，进取不是欲望，趣味不是本能，一段有节制有道德的人生才是真正有趣的人生。

感受美比创造美更重要

人类固然不能个个都做供给美术的“美术家”，然而不可不个个都做享用美术的“美术人”。（《美术与生活》）

你不一定能创造美，但一定要能感受美。如此，这个世界才是值得留恋的。

当然，人生毕竟不能够仅凭兴趣来成就。孔子曰：“我非生而知之者，好古，敏以求之者也。”学问，让生命突破时空。

游历即是学问

学也者，匪直晨夕伏案，对卷伊吾而已。师友讲习，以开其智，中外游历，以增其才，数者相辅，然后学乃成。（《变法通议》）

杜甫说："读书破万卷，下笔如有神。"（《奉赠韦左丞丈二十二韵》）陆游却说："汝果欲学诗，功夫在诗外。"（《示子遹》）这一点都不矛盾，求学的方式本来就不止一种。"读万卷书"固是一心向学，"行万里路"亦是题中应有之义。其实，游历本身就是学问——知道美在哪里，知道美如何令人愉悦——这既是游历的前提，也是学问的归宿。

要肯学，也要会学

认识自然，不是容易的事，第一件要你肯观察，第二件还要你会观察。（《美术与科学》）

读万卷书，行万里路，怎样的“行”才有意义呢？

感受了风景与风情，印证了所学与所见，发现了相同与相异，如此才算是有意义吧。若过后得不到这些，这场游历并不比阅读地区简介有价值——唯一的价值或许就是你可以告诉别人去过那里了。

善于观察

学莫要于善观。善观者观滴水而知大海，观一指而知全身，不以其所已知蔽其所未知，而常以其所已知推其所未知。是之谓慧观。（《自由书》）

获得书外的知识，当然不止游历一途，概而言之，生活中处处都是学问，关键在于你有没有一双善于观察的眼睛。孔子曰，“举一隅不以三隅反，则不复也”，告诉你一个方向，如果不能知晓其他三个，也就不必再教下去了。万象纷纭，时刻变动，你不可能针对每一件事、物而去分别学习——要意识到自身的知识可以用来类推；也要意识到自身的知识解决不了所有问题，要不断掌握新知识。

懂得选择

孔子教人择善而从，不经一番择，何由知得他是善？只这个“择”字，便是思想解放的关目。（《欧洲心影录》）

懂得选择是人生最重要的功课，做好了，身心自由。

读书有精有泛

每日不必专读一书，康先生之教，特标专精、涉猎二条，无专精则不能成，无涉猎则不能通也。（《读书分月课程》）

我们一面要养成读书心细的习惯，一面要养成读书眼快的习惯。心不细则毫无所得，等于白读；眼不快则时候不够用，不能博搜资料。（《治国学杂话》）

懂得选择，懂得分寸，懂得轻重缓急，该快则快，该慢则慢，治学如此，人生亦如是。

让字句浮起来

某先辈云："不会读书，书面是平的；会读书，字句都浮起来了。"如何才能使书中字浮凸起来？唯一的方法，就是训练注意。（《中国历史研究法补编》）

精读之际，同样要心细和眼快。对于有价值的材料，要迅速发现，发现之后，要细心梳理。要做到这一点，脑中就要经常装着问题：舆论的话就对吗？经典的话就对吗？经验可取之即用吗？只有善于怀疑，才会充满问题，只有充满问题，才会去进行细致的分析。

笔记很重要

读书莫要于笔记，朱子谓当如老吏断狱，一字不放过。（《读书分月课程》）

蒋天枢记陈寅恪读《高僧传》："先生于此书，时用密点、圈以识其要。书眉、行间，批注几满，细字密行，字细小处，几难辨识。就字迹墨色观之，先后校读非只一二次，具见用力之勤勉。"

做人做事踏实至此，虽不能成为大师，但我们的生活比之前要厚重是毋庸置疑的。

抄书很有用

顾氏常说："善读书不如善抄书。"常常抄了，可以渐进于著作之林。（《中国历史研究法补编》）

读书和抄书完全不一样，抄是深入骨髓、化为血肉的手段。

抄书也是有方法的，日本前首相田中角荣在读一本经典的时候，把全书抄了一遍；然后把抄下的缩写一遍；最后把缩写的写成提纲，他也就记得全书了。短暂的劳累换来一辈子的受用，这个笨方法并不笨。

古人岂欺我哉

知古知今，是谓通才。能如是随处留心，斯与读死书者有异矣。（《湖南时务学堂札记批》）

读什么书都好，就怕读死书，不懂得将书中的道理与实际生活相联系。伯乐的儿子按图索骥，结果以为癞蛤蟆就是千里马；赵括只知道纸上谈兵，遂使秦军坑杀赵军四十万；刘羽冲事事遵循古书，所作所为皆适得其反，却至死不明白失败的原因，不住自问：“古人岂欺我哉？”

会读书的人，用现实生活印证古人的学问，书中的字便都是活的，是谓活学活用。

读书不是现货交易

中国书没有整理过，十分难读，这是人人公认的。但会做学问的人，觉得趣味就在这一点。吃现在，是最没意思的事，是最没有出息的人才喜欢的。一种问题，被别人做完了，四平八正的编成教科书样子给我读，读去自然是毫不费力。但从这不费力上头，结果便令我的心思不细致不刻入。专门喜欢读这类书的人，久而久之，会把自己创作的才能湮没哩。在纽约、芝加哥笔直的马路、崭新的洋房里舒舒服服混一世，这个人一定是过得毫无意味的平庸生活；若要过有意味的生活，须是哥伦布初到美洲时。……

诸君勿因初读中国书勤劳大而结果少，便生退悔。因为我们读书，并不是想专向现时所读这一本书里头现钱现货地得多少报酬。最要紧的是涵养好读书的习惯和磨炼出善读书的脑力。（《国学入门书要目及其读法》）

读书当然是为了帮助发展，有益身心，但绝不能追求立竿见影。哪怕只想着做好一道菜，便买上十本菜谱也无济于事，遑论追求事业成功、人生幸福。一本书，可以让自己头脑充实一点、思维周全一点、生活审美一点、性格坚强一点，尽管不能用来谋生，却能受用一辈子。而这些，也只有在潜移默化之中才见功效。

潜移默化绝不是教你读书随便，而是教你少些功利性。你要有读书的习惯，才会挤出更多的时间，广泛地接触学问；你要有读书的能力，才会发现书本的价值，得到别人的经验。正如任公所说："要平日摩得熟，临时才得着用。"

你没法活在一本书里

以后受学只求理解，无须强记。非徒摄生之道，即求学亦应尔尔也。（《1913 年 1 月 21 日致梁思顺》）

读书的目的在于理解和运用，“人生亦应尔尔”。你没法活在书本里，也没法活在别人的故事里。人生如戏，每个人都有自己的机遇和舞台，看多了别人戏里的故事，你就不知不觉忘记了自己的舞台。

越是功利，越不能功利

> 学生做课外学问是最必要的，若只求讲堂上功课及格，便算完事，那么，你进学校，只是求文凭，并不是求学问，你的人格，先已不可问了。再者，此类人一定没有“自发”的能力，不特不能成为一个学者，亦断不能成为社会上治事领袖人才。（《国学入门书要目及其读法》）

没有功利的阅读之心，才会获得最具功利的阅读效果。

在观念中重建破碎的世界

无论何种事物，必把破碎的当作集团，才有着眼的地方。（《中国历史研究法补编》）

“横看成岭侧成峰，远近高低各不同”（苏轼《题西林壁》），观察的角度不同，得到的画面也不同。事物都是复杂的，你不可能一下子把握它的所有方面，却必须要有全局观念，然后才能确定研究重点和切入角度。确定了角度，才能够在众多方法和素材中找到你所需要的。

每一块砖头都有价值

近人考据，喜欢专门研究一个难题，这种精神固然可取，但专门考校尚非主要工作；没有问题的资料应当如何整理，极其平常的工作应当如何进行，实为重要问题。（《中国历史研究法补编》）

每一块砖头都自有其价值，忽视它们，然后挖空心思去建造空中楼阁，人生必不会成功，何谈学问。

自欺，欺人，被人欺

有许多人爱下判断，下得太容易，最易陷于武断。资料和自己脾胃合的，便采用；不合的，便删除；甚至因为资料不足，从事伪造，晚明人犯此毛病最多。（《中国历史研究法补编》）

明朝有位学者说，人一辈子只做了三件事——自欺，欺人，被人欺。南怀瑾晚年对这句话颇有感悟，说白了，人这一辈子要过好也只需要做到三件事——不自欺，不欺人，不被人欺。

独善其身和兼济天下

现在人很喜欢唱“为学问而学问”的高调。其实“学以致用”四个字也不能看轻。（《中国历史研究法补编》）

“为学问而学问”是为自己，“学以致用”是为大众，真能做到，都很高尚。大多数人都只是反其道而行之。

给一个支点，心就不再堕落

当修学以求自养，无论为旧学为新学，苟吾能入其中而稍有所以自得，则自然相引于弥长，而吾身心别有一系着之处，立于扰扰尘劳之表，则外境界不能以相夺，即稍夺矣，亦不至如空壁逐利者，尽为敌据其本营而进退无据也。（《岁晚读书录》）

“为学问而学问”并非一般人以为的毫无用处，无论哪种学问，即使没有被应用于社会，但至少已经作用于个人。他的心已经被此种学问所占据，不再向外驰求，他的人也就不会再浑浑噩噩地生活了。正因为如此，追求学问就成了一种修身的方法。

道德之学的价值

或曰，吾所欲求者学问也，智识也。道德之学，虽高矣美矣，而不切于急用，子何必断断言之？不知学问所以能救世者，以其有精神也。苟无精神，则愈博学而心术愈以腐败，志气愈以衰颓，品行愈以被邪，将安取之？（《东籍月旦》）

任公笔下的“道德之学”，是让人变得高尚、通达的学问。学心理可以让你了解别人，却不能使你安慰自己；学外语可以让你与人交流，却不能使你获得友谊；学电脑可以让你紧跟时代，却不能令你闲庭信步；学管理可以让你成为领导，却不能帮你调服欲望；学表演可以教你扮演别人，却不能令你找回自己；学生物可以令你了解自然，却不能教你追寻灵魂；学医学可以让你成为医生，却不能帮你面对死亡……总之，知识是你掌握外界的工具，而道德则是你掌握自己的工具。

道在日用伦常中

我最希望的是在求智识的时候，不要忘记了我这种做学问的方法，可以为修养的工具；而一面在修养的时候，也不是参禅打坐的空修养，要如王阳明所谓在事上磨炼。（《北海谈话记》）

然则，我们要专门抽出时间精力学习道德之学吗？不是的，两种学问并非是泾渭分明的两条路，而是合二为一的。当研究一个问题时，态度应如何忠实，工作应如何耐烦，见解要如何独立，整理组织应如何理性而细密……凡此之类，都是一面求知识的精进，一面求道德的修养，两者打成一片。

谦虚的自信

故豪杰之士，其取于人者，常以三人行必有我师为心；其立于己者，常以百世俟圣而不惑为鹄。夫是之谓虚心之自信。（《十种德性相反相成议》）

学问之法，虽然因人而异，但成就的高低，只在对内对外的态度而已。心中长存人人皆有优点，皆有可学之念，就能随时随地学习，就能时时进步，刻刻改变。

向别人学习的时候，改变的是你的智识与道德，不变的是你的自信。我们应该意识到，自己的所为，正在将自己引向更高的境界。只有这样，才会有永不放松的动力，才会不惮于改过。

“我”是最危险的人

于学无所不窥，而以日新为宗旨，故无所沾滞；善能舍己从人，故其学日进。（《谭嗣同传》）

世间最危险的莫过于“自我”，所以孔子说，“勿意、勿必、勿固、勿我”，即不要主观臆断，不要绝对肯定，不要拘泥固执，不要自以为是。

第三章

人才教育与子女教育

美国波士顿威尔斯利高中英语教师小戴维·麦卡洛在一次毕业典礼的演讲中说："如果在这里学习的日子让你有所收获的话，我希望你了解了人所以要接受教育的真正意义——得到学习的乐趣，而非获取世俗的好处。我希望你们能认同古希腊悲剧诗人索福克勒斯所说的智慧是快乐的主要成分，而世俗的收获就好比冰激凌——转瞬即逝。我也希望你所学的能让你认识到你的知识有多匮乏，你现在的视界有多狭窄。因为今天只是一个开端，以此为起点的学习才是关键……"

学究足以亡天下

外教、左道、乡愿，举无足以亡天下，惟学究足以亡天下。欲救天下，自学究始。（《变法通议》）

“师者，人之模范也”（杨雄《法言》），教师的品格操守、生活态度，如无形之手，影响着所有学子。“学究”肩上担当的灵魂导向责任，使得教师的职业不仅是个人的人生选择，也关乎国家的兴盛和衰败。

也正因为如此，教师对社会的态度，社会对教师的态度，显得尤为重要。热情而又严肃地对待自己的职业，是教师不可或缺的修养。形成尊师重道的社会氛围，也是进步的社会不可或缺的特征。

思考力是人之为人的首要能力

> 导脑者脑日强，窒脑者脑日伤，此西人之创新法制新器者所以车载斗量，而中国殆几绝也。（《变法通议》）

传统教育以求取功名为第一要义，以记诵经典为第一要务，学习对思想未起到引导的作用，对逻辑思维能力和创造力未起到激发的作用。教育的目的实在应该是开启民智，启发每个人独立思考，舍此都是歧途。

真面目和真性情

天才瑰特之士不至为课程所局，可以奔轶绝尘尽其才矣。如此则教育不至为“机械化”，不至为“凡庸化”，社会上真面目之人才，或可以养成也。（《莅北京大学欢迎会演说词》）

男女的聪明才力，不能认他有差等，却不能不认他有各自的特长。（《我对于女子高等教育希望特别注重的几种学科》）

当局者（日本）一依德国主义，其所以为教者，则以服从政府为之精神也，遂使全国少年，缺独立自重之气，成卑污劣下之俗。夫孰知假文明之名，以行焚书坑儒之术者，其祸更惨于秦政十倍乎。（《精神教育者，自由教育也》）

对于真面目和真性情，教育的责任是发扬，而不是扼杀。

太阳和树木的启示

学问之道，未知门径者以为甚难，其实则易易耳。（《读书分月课程》）

東、杲、杳三个字，皆由木、日二字组成。日光为树木所挡，表示太阳刚刚升起；日光在树木之上，表示天已大亮；日光在树木之下，表示天色昏暗。不这样学，也可以记住，但这样学，不但兴趣大增，还能举一反三。

你可以上流水线，但不能变成机器

> ……凡书而非考试所有事者，可无读也，故窒脑之祸，自考试始。（《变法通议》）

考试制度包含着使人成为机器的因素，古今皆然，人类迄今未能找到一种完美的考试制度，或者根本就没有这种制度。

体制的力量无处不在，这也许是现代社会的基本特征，《肖申克的救赎》中最著名的一句台词就是：他被体制化了。然后便有了安迪的脱困而出——种种规训之下，人类对人性与自由的追求其实从未泯灭。所以，最终是不是会变成机器，还是要看你自己。

教育的真正意义

自余一二占毕咿嗄以从事于四书五经者，彼其用心，则为考试之题目耳，制艺之取材耳，于经无与也，于教无与也。（《学校总论》）

美国波士顿威尔斯利高中英语教师小戴维·麦卡洛在一次毕业典礼的演讲中说：“如果在这里学习的日子让你有所收获的话，我希望你了解了人所以要接受教育的真正意义——得到学习的乐趣，而非获取世俗的好处。我希望你们能认同古希腊悲剧诗人索福克勒斯所说的智慧是快乐的主要成分，而世俗的收获就好比冰激凌——转瞬即逝。我也希望你所学的能让你认识到你的知识有多匮乏，你现在的视界有多狭窄。因为今天只是一个开端，以此为起点的学习才是关键。

“在你们齐聚在这里，还未在我眼前消失之前，我强烈希望你们能但凭心意，做你所爱的事，相信你所爱的事物就是最重要的事物。就像不要考虑和不爱的人结婚一样，不要在你不相信的事物上浪费时间。切莫自鸣得意，别被物质主义华而不实的光芒所诱惑，别被自我描绘的图景所麻痹，珍视你的长处。

“请终生与阅读为伴。阅读关乎价值观的建立，能帮助人们拥有自尊。阅读为生命提供精神食粮，它潜移默化地影响我们，帮助我们培养并保持道德感。勇敢地做梦并付诸实践。独立思考。爱了，就全心去爱，对你爱的一切人和事物，付出百分之百的真心。请务必保持一种紧迫感，生命的时钟离停摆的那天只会越来越近。各位也要记得，凡事有开始就会有结束，无论你有多享受这个午后的美好时光，这场典礼总会落幕……”

公平不是唯一的目标

> 非此（科举）一途不能自进，则奇才异能之士，不得不辍其所学，以勉焉而从事矣。（《变法通议》）

只讲公平，往往是拿公平当借口，掩盖无能和懒惰。

我们爱的是美，不是美术

天下最神圣的莫过于情感。用理解来引导人，顶多能叫人知道哪件事应该做，那件事怎样做法，却是被引导的人到底去做不去做，没有什么关系。有时所知的越发多，所做的倒越发少。用情感来激发人，好像磁力吸铁一般。有多大分量的磁，便引多大分量的铁，丝毫容不得躲闪。所以情感这样东西，可以说是一种催眠术，是人类一切动作的原动力。

情感的性质是本能的，但他的力量，能引人到超本能的境界；情感的性质是现在的，但他的力量，能引人到超现在的境界。我们想入到生命之奥，把我们的思想行为和我们的生命迸合为一，把我们的生命和宇宙和众生迸合为一，除却通过情感这一个关门，别无他路。所以情感是宇宙间一种大秘密。（《中国韵文里头所表现的情感》）

古来大宗教家、大教育家，都最注意情感的陶养。老实说，是把情感教育放在第一位。情感教育的目的，不外将情感善的美的方面尽量发挥，把恶的丑的方面渐渐压伏淘汰下去。这种功夫做得一分，便是人类一分的进步。（《中国韵文里头所表现的情感》）

情感教育最大的利器，就是艺术。音乐、美术、文学这三件法宝把"情感秘密"的钥匙都掌握住了。艺术的权威，是把那霎时间便过去的情感，捉住他令他随时可以再现；是把艺术家自己"个性"的情感，打进别人的"情阈"里头，在若干期间内占领了"他心"的位置。（《中国韵文里头所表现的情感》）

李泽厚曾说："凄怆地欢度生的荒谬，沐浴人际的温暖，共享欢乐的春天，珍视自己的情感生存，使生活成艺术，流连于生命的故园情意，就是儒家讲的'知命''立命'；常驻者，就是这真情片刻。将这真情化成生命意识，人就不是机器，不是动物。"

活在这真情中，活在这所谓的"情本体""审美境界"和"天地境界"中，活在"这亲子情、男女爱、夫妇恩、师生谊、朋友义、故国思、家园恋、山水花鸟的欣托，普救众生之襟怀，以及真理发现的愉快、创造发明的欢欣、战胜艰险的悦乐、天人交会的皈依感和神秘经验”（李泽厚语）中，“求艺术于人生，使生活成艺术”，也许只有如此，我们方能抵御这个时代铺天盖地的理性对人性的戕害。

什么是失败的教育

知识才能固然是要的，然而道德信仰——不是宗教——是断然不可少的。现在时事糟到这样，难道是缺乏智识才能的缘故么？老实说，什么坏事情不是智识才能分子做出来的！（《北海谈话记》）

家庭和学校教育，都应该强调人的道德信仰，这个工作不过关，无论什么教育都注定是失败的，“虽读尽古今书，只益其为小人之具而已”（梁启超《读书分月课程》）。

爱的境界

陆子曰："我虽不识一字，亦须还我堂堂地做个人！"启超始学于南海，即受此义，且诫之曰："识字良易，做人信难哉！"又曰："若不行仁，则不得为人，且不得为知爱同类之鸟兽。"小子持此义以学做人，七年，而未敢自信也。（《三先生传》）

智与德往往不同步。即使目不识丁，也可以堂堂正正；即使满腹经纶，亦可能卑鄙无耻。做人就是一门武功，想要臻于上乘，免不了耗时修炼，是以任公七年而未敢自信。

做堂堂正正的人，不只是非礼勿视那么简单，它需要培养自己的大爱。《弟子规》云："凡是人，皆需爱，天同覆，地同载。"爱自己是本能，爱别人是境界，当我们开始学习爱别人的时候，我们已经进入了不同的境界。

古人的精神

现在的学校，多变成整套的机械作用，上课下课闹得头昏眼花。进学校的人大多数除了以得毕业文凭为目的以外，更没有所谓意志，也没有机会做旁的事。有志的青年们，虽然不流于这种现象，也无从跳出圈套外，于是改造教育的要求，一天比一天迫切了。我这两年来清华学校当教授，当然有我的相当抱负而来的，我颇想在这新的机关之中，参合着旧的精神。（《北海谈话记》）

任公所谓“旧的精神”，应该是古代优秀的教育精神及求学态度。通过讨论得来的认识是最真切的，所以古代教育强调教学相长，孔子曾批评颜回：“回也非助我者也，于吾言无所不说。”众人坐在一起讨论，不唯讨论者能有所得，听众所得亦与参与讨论之人一样。

古代贤人求学不是为了生存，而是为了提高自身素养。颜回在孔门中最受瞩目，却过着“一箪食，一瓢饮，居陋巷”的生活，不以学问换取仕进。人各有志，我们当然不必个个如此，但因素养的提高，“人不堪其忧，回也不改其乐”（《论语》），却是我们应该学习的。

德智体的关系

其为教也，德育居十之七，智育居十之三，而体育亦特重焉。（《康有为传》）

人所以成才，是因为他能够明辨是非，洞察世事，练达人情，拥有坚强、勇敢、诚实、勤劳、奉献、冒险等精神，而这些无一不与德育息息相关，这才是教育的主体。

智育要教给学生的，主要的不是科学知识，而是掌握科学的方法。受教者掌握了方法，就能一窍通百窍通；教育者侧重于方法，内容自然不必铺天盖地。

然而，德育和智育的健全，只能寓于健康的身体。不注重锻炼身体，就是不关心自己，哪一个不关心自己的人，懂得关心他人？不注重锻炼身体，就是不懂得轻重缓急，哪一个不懂得轻重缓急的人，懂得运用知识？

有商业的地方就有美德

彼英人所以以商战雄于天下者，以其责任心最强也。而今世各国之教育，所以提倡商业道德者不遗余力，亦以苟不务此，则一切实业将无与立也。（《敬告国中之谈实业者》）

孟德斯鸠说：有商业的地方便有美德（《论法的精神》）。因为有商业就有交易，要安全地交易就要敬、诚、公平、透明、妥协、双赢，有公共利益、契约精神和制度环境。从这个角度来说，我们的问题也许不是过度商业化，而恰恰是不够商业化。

自甘堕落的奇葩

盖天下无论何种人，皆可教皆可用，惟此死心塌地、一齐放倒、知其不可而不为者，虽圣贤末由而化之。且此辈者岂惟自行放倒而已，其见有他人之实心忧天下者，则相与目笑之，鼻訾之，或摭拾言语举动之小小过节，微词以诋排之，阻挠之，以佐其饱食群居、好行小慧之谈资以为快。嗟乎，痛哉！吾壹不知我中国人若此辈者何其多也。（《保国会演说词》）

自甘堕落的人很可怜，他不是不知道是非曲直，也必定挣扎过，但他没有勇气战胜导致他堕落的欲望和遭遇；自甘堕落的人很可恨，他知道自己的行为不对，不但伤害他人的感情，终有一天也会令自己品尝恶果——于是，他自觉不自觉地拉着他人一起沉沦，这能让他感到平衡。

自甘堕落的人是没救的，除非他开始厌倦堕落。

孩童乃至所有人，都是由肉体、魂灵和无限的活力结合成的生灵，不是机器。他需要从书本上学习文化，亦须在花红柳绿或大漠孤烟中学习审美。他需要奔跑在原野上，在温暖的阳光中舒展身躯，亦须徜徉在音乐中，灌溉已然干枯的灵魂。学习是生活，并不是成绩。

人生第一课

若夫家庭之间，终日不安，入室则愀，静居斯叹，此其损人灵魂，短人志气，有非可以常率推者。（《变法通议》）

此所谓家庭是孩子的第一所学校，父母是孩子的第一任教师。

有别于母鸡的伟大事业

人生百年，立于幼学。（《论幼学》）

孔子有言，君子食无求饱，居无求安。此在今日，虽不足奉为我人处世之道，然学生求学之时，则不可不具此精神。（《初归国演说词》）

为人父母，最大的责任是帮助孩子成长。高尔基说：“爱儿女，这是连母鸡都会的，但善于教育儿女，却是一桩伟大的事业。”

早教教什么

苟为人母者，通于学本，达于教法，则孩童十岁以前，于一切学问之浅理，与夫立志立身之道，皆可以粗有所知矣。（《变法通议》）

《礼记》云：“人生十年曰幼，学。”古人十岁时，才开始学习专业性的学问，此前所学，皆是社会常识以及人生之道。记者追问诺贝尔物理学奖得主卡皮察：“您在哪所大学、哪个实验室里学到了您认为是最主要的东西？”他说：“是在幼儿园。把自己的东西分一半给小伙伴们，不是自己的东西不要拿，东西要放整齐，吃饭前要洗手，做了错事要表示歉意，午饭后要休息，学习要多思考，要仔细观察大自然。从根本上说，我学到的全部东西就是这些。”

少成若性，习贯之为常

《记》曰："少成若性。"谓其耳目未杂，习气未入，质地莹洁，受教易易也，故《曲礼》《少仪》《弟子职》等篇，谨其洒扫应对，导以忠信笃敬，大抵熏陶其德性之事，十居八九焉。（《变法通议》）

法国思想家蒙田在《论儿童教育》中说："摆在人类知识面前的最困难最重要的问题，似乎就是正确地抚养和教育儿童。"而我们的儿童教育似乎忽略了一个显而易见的事实：无论年龄多大，都可以学习知识，但是，品质与性格，却只能从小培养。

何事非学，何学非用

但使教之有方，每日伏案一二时，所学抑已不少，自余暇晷，或游苑囿以观生物；或习体操以强筋骨；或演音乐以调神魂，何事非学，何学非用，其宏多矣。（《变法通议》）

孩童乃至所有人，都是由肉体、魂灵和无限的活力结合成的生灵，不是机器。他需要从书本上学习文化，亦须在花红柳绿或大漠孤烟中学习审美。他需要奔跑在原野上，在温暖的阳光中舒展身躯，亦须徜徉在音乐中，灌溉已然干枯的灵魂。学习是生活，并不是成绩。

对子女的教育绝不限于学前。梁家满门俊秀，自然与梁启超的言传身教息息相关。梁启超写给子女们的家书前后持续十五年，少则每年几封，多则几十封。有的只有寥寥十几字，仅为报平安或交代家事；有的则长达几千字，或纵论时事，或畅谈家事，又或与子女谈心聊天，几乎成了现代子女教育的必读书。

付出是一种幸福

得十月二十一日禀，甚喜，总要在社会上常常尽力，才不愧为我之爱儿。人生在世，常要思报社会之恩，因自己地位做得一分是一分，便人人都有事可做了。吾在此作自己，已成六七万言，本拟再住三月，全书可以脱稿。（《1919年12月2日致思顺书》）

我们想尽办法教孩子们如何获得幸福，皆从孩子自身出发，于是乎，孩子的思维方式就被塑造成：我该如何争取？我们忽略了一个问题，即教会孩子另一种思维：我该如何付出？

付出，也是一种幸福。

不自伐故有功

汝亦记台湾之游矣，今之不适且十倍彼时耳。因念频年佚乐太过，致此形骸，习于便安，不堪外境之剧变，此吾学养不足之明证也。人生惟常常受苦乃不觉苦，不致为苦所窘耳。更念吾友受吾指挥效命于疆场者，其苦不知加我几十倍，我在此已太安适耳。（《1916 年 3 月 20 日致思顺书》）

对于经历的艰辛，谁不自豪？但千万别沾沾自喜。任公经历了比过去艰辛十倍的情况，但是，他却告诉子女们，这只是“习于便安”，才会认为艰辛。常常受苦，乃不觉苦。孩子们不但感受到了他的艰辛，更感受到了他的坦诚、精进。

对于取得的成功，谁不自豪？但也不要沾沾自喜。任公参与的护国战争，是影响近代历史进程的伟大战争，与他领导的戊戌变法一样，都是他人生的辉煌功绩。可是，在给孩子们讲述之时，他不但不居功，反历数他人的功绩，孩子们不但感受到了他的成功，更感受到了他的谦虚、正直。

尊重兴趣是关键

> 凡学问最好是因自己性之所近，往往事半功倍。你离开我很久，你的思想近来发展方向我不知道。我所推荐的学科未必合你的适。你应该自己体察作主。用哥哥姐姐当顾问，不必拘泥爹爹的话。（《1928年8月5日致梁思庄书》）

要尊重孩子的兴趣，而不是以有用为准则。任公的女儿梁思庄在加拿大麦吉尔大学已学习一年，在选择专业时，梁启超想到现代生物学在当时的中国依然是空白，便希望自己的女儿学习这门专业。后得知生物学无法引起思庄的兴趣时，梁启超便写了这封信，语言诚恳亲切。后来思庄改学自己喜欢的图书馆学，最终成为一名图书馆学专家。

有用无用，不是父母想出来的，而是孩子做出来的。

提醒与建议

希哲就外交部职无妨，吾亦托人在国务院为谋一位置，未知如何？领事则须俟外交总长定人乃可商。但做官实易损人格，易习于懒惰于巧滑，终非安身立命之所，吾顷方谋一二教育事业，希哲终须向此方面助我耳。（《1916 年 10 月 11 日致思顺书》）

何谓尊重选择？全力支持不等于尊重选择，真正的尊重要拾遗补缺，从旁提醒：事情永远有另外一面，什么才是你内心真正的声音？

成人不自在

处忧患最是人生幸事，能使人精神振奋，志气强立。两年来所境较安适，而不知不识之间德业已日退，在我犹然，况于汝辈。今复还我忧患生涯，而心境之愉快视前此乃不啻天壤，此亦天之所以玉成汝辈也。使汝辈再处如前数年之境遇者，更阅数年，几何不变为纨绔子哉。此书可寄示汝两弟，且令宝存之。（《1916 年 1 月 2 日致思顺书》）

环境可以让人奋起，也可以让人沉溺。理想与现实有距离，才知道要不断努力。古人云：“成人不自在，自在不成人。”给孩子最好的，他就不懂如何得到应得的。而让他快乐一时，哪比得上让他恬然一世？

让孩子学会坦然面对

数日未得书报，而母近状甚念，甚念，比已出院否？体复元否？曾发见他病否？若因此而更除杂病，益健康，则未始非福耳。（《1916 年 1 月 7 日致思顺书》）

生病入院，自然是不幸，但祸兮福之所倚，入院一面治疗旧疾，一面检查暗疾，一举两得，未尝不是好事。事情只这一件，但对待的角度则有多种。任公何尝不牵挂？但纯粹的牵挂于事无补，徒然惹人焦虑。

人生在世，不如意事常八九；面对忧患，坦然处之无二三。我们不但要告诉孩子前一个事实，还要教会孩子后一种态度。

取舍之道

屋有售[买]主速沽为宜，第求不亏已足，勿计赢也。此著既办，冰泮后即可尽室南来，赁庑数椽，蓄盐送日，却是居家真乐。（《1916年2月8日致思顺书》）

思成、思永同读：来禀已悉。新遭祖父之丧，来禀无哀痛语，殊非知礼。汝年幼姑勿责也。汝等能升级固善，不能也不必愤懑。但向果能用功与否，若既竭吾才则于心无愧。若缘怠荒所致，则是自暴自弃，非吾家佳子弟矣。（《1916年6月22日致思成思永书》）

钱财与情感之间如何取舍？钱财与公德之间如何取舍？钱财与自由之间如何取舍？钱财与学问之间如何取舍？亲情与事业孰轻孰重？过程与结果又孰轻孰重？……任公对子女的教育重在价值判断，取舍之道。

学问是生活，生活是学问

廷伟为补一主事，甚好。尝告彼“学问是生活，生活是学问”，彼宜从实际上日用饮食求学问，非专恃书本也。（《1921 年 5 月 30 日致思顺书》）

佛家说：平常心是道，生活就是禅。其实一切学问的总和就是生活。教育子女亦然，它是最复杂的学问，也是最平实的学问，又是最平等的学问。说它复杂，是因为你没有办法将它分为几个种类；说它平实，是因为生活中任何事物都可以是教育的材料；说它平等，是因为任何方面的教育都是最重要的，最有用的。

第四章

传统文化和人生佛教

传统是一个民族的灵魂，是渗入每个个体成员血脉中的东西，无论你喜欢或者不喜欢，自觉或者不自觉，你都生活在传统和文化中。面对传统文化，漠视甚至丢弃，或者不加检择地接受，都不是理性的态度。想要做一个真正能继承传统文化的中国人，就要有正确继承的态度与方式。

超越时空的美德

> 盖忠孝节义诸德，其本质原无古今中外之可言。昔人不云乎，天下之善一也。凡道德上之抽象名词，若智仁勇诚明忠信笃敬廉让乃至若某若某，虽其涵孕之范围广狭全偏或有不同，然其同于为美德，则无以易。（《复古思潮平议》）

弘扬人性之美善的，和谐人际之互动的，都是美德。超越时空的美德，用现在的话说叫作普世价值。

知行合一的真理

王文成曰："未能知，说甚行？"然亦未有能知而不能行者。若知而不行，必非真知也。（《湖南时务学堂答问》）

文成乃王阳明之谥号，王阳明的"知行合一"说认为：如果你知道那是对的或是错的，你就应该立刻去做或立刻停止，否则你就不是真的知道那是对的或是错的。心中的一个念头，就已经是行动的开始；行动的产生，就是念头的持续发展。这是人生的境界，也是规范心灵的方法。

我们需要哪一个孔子？

由于误六经之精意，失孔教之本旨，贱儒务曲以阿世，君相托教旨以愚民，遂使二千年来孔子之真面湮而不见，此实东方之厄运也。故今欲振兴东方，不可不发明孔子之真教旨。（《论支那宗教改革》）

孔子的思想，如同一座大山，山中有飞禽走兽，地表有花果草木，地底有矿藏宝物，乃至一土一石，皆有用处。什么才是真实的孔子，哪一面才是圣人的真面目？或许，我们更应该换一个问法，在这个时代，我们究竟应该继承哪一个孔子？

理性的世界需要情感的滋润

实则启超生平最恶人引中国古事以证西政，谓彼之所长，皆我所有。此实吾国虚骄之结习。（《与严幼陵先生书》）

学而不能应用于世，无论如何勤学，终是纸的学问，其结果纸仍纸，我仍我，社会仍社会，无一毫益处也。（《现代教育之弊端》）

一个富家儿，只会指着父祖的遗产向他人炫耀，却没想到要利用，没办法去保存，这样的人岂不是败家子？

1972 年，英国历史学家、哲学家汤恩比和日本哲学家池田大作谈道："人类要在 21 世纪生存下去，只有向中国的孔孟学说和大乘佛法寻求智慧。"理性的世界需要情感的滋润，需要在"和"的精神（和谐、和睦、和平）中去另觅发展之道，我们实在不应该手捧着金饭碗，却在外流浪找饭吃。

传统是那根风筝线

春秋之记号也，有礼义者谓之中国，无礼义者谓之夷狄。礼者何？公理而已。义者何？权限而已。（《变法通议》）

我们总把传统文化当成古代的学问、古人的遗产，何曾如任公一般，认为它依然是活的，依然在不断成长？

单纯从学问的角度对待传统文化，那是死的传统；将传统文化的精髓注入现实生活，让现实成为传统的有机延续，生存不再似断了线的风筝，那才是活的传统。任公说：“使孔子而生于今日，吾知其教义之必更有所损益也。”（《变法通议》）对待传统文化，这是我们该有的时代精神。

直面此岸人生

我们的祖宗遗予我们的文献宝藏，诚然足以傲世界各国而无愧色，但是我们最特出之点，仍不在此。其学为何？即人生哲学是。（《治国学的两条大路》）

关于文明的起源问题，德国哲学家雅斯贝尔斯提出了“轴心时代”的概念，即公元前 800 年到公元前 200 年，世界不同地区基本同时实现了突破，产生了不同的文明。但不同的文明有不同的起因，古希腊文明起因于对自然的惊奇，希伯来文明植根于对上帝的敬畏，而中华文明则源于对人生的关注。

中国传统文化的价值取向就是社会人生，先贤们在建立思想体系的时候，是“思以其道易天下”（章学诚《文史通义》），思索着用他们的思想观念去改变社会，儒、墨、道、法，先秦诸子概莫能外。《周易》中有一句名言，叫“观乎天文以察时变，观乎人文以化成天下”，这个大道是顺应自然的大道，顺应自然的思想，不关注对神秘的探索，不关注对神旨的遵守，而是以人生幸福为目的。

安顿灵魂的药方

> 救济精神饥荒的方法，我认为东方的——中国与印度比较好。东方的学问，以精神为出发点；西方的学问，以物质为出发点。救知识饥荒，在西方找材料；救精神饥荒，在东方找材料。（《东南大学课毕告别辞》）

英国学者李约瑟在1976年提出了“李约瑟难题”：为什么近代科学（如我们所知自17世纪伽利略时代起）不在中国文明（或印度文明）中间产生，而只在欧洲发达起来？在中国科技不断进步的今天，这个问题仍然受到关注。

一百多年前，任公指出，中国的传统文化是救济精神饥荒的方法。这不但回答了李约瑟的难题，更是当代中国甚至世界所面临困境的对症之方。

活在当下就是永恒

> 中国学术，以研究人类现世生活之理法为中心，古今思想家皆集中精力于此方面之各种问题，以今语道之，即人生哲学及政治哲学所包含之诸问题也，盖无论何时代何宗派之著述，未尝不归结于此点。坐是之故，吾国人对于此方面诸问题之解答，往往有独到之处，为世界任何部分所莫能逮。（《〈先秦政治思想史〉序论》）

中国学术，既不像希伯来、印度那样富于宗教意识，也不像西方近代学术那样对客观对象作纯粹科学化的认识，而是在强烈的入世精神指导下，探讨人生安身立命之法。

中国的圣贤既追求外在的事功，又追求内在的修养，以内在的修养成就外在的事功，以外在的事功磨炼内在的修养，最终达到“太上有立德”（《左传》）的境界，即认为最大的事功就是人生修养。这样的境界在当今社会该是极其珍贵的精神资源。

教育部改成美育部

我想孔子若在今日当教育部长，一定要像法国样子，将教育部改为教育美术部，把国立剧场和国立学校看得一样重。他若在社会上当个教育家，一定是改良戏曲，到处开音乐会，忙个不停。（《墨子学案》）

儒家对待文化的态度，使专讲实用主义的墨子看得莫名其妙，认为儒家是“盛为声乐，以淫愚民”（《墨子》），做出三篇《非乐》的大文章来骂他，却哪里懂得孔子人格教育的精神？了解古人人格教育比技能教育重要的思想，你才会懂得孔子的道理。

中国人的元气

启超确信欲创造新中国，非赋予国民以新元气不可，而新元气决非枝枝节节吸受外国物质文明所能养成，必须有内发的心力以为之主。（《为创设文化学院事求助于国中同志》）

其所学之致用与否勿具论，要之，舍肉欲外，更有此以供精神上之愉快，于以维系工夫之人格，毋使堕落太甚，而国家元气，无形中往往受其赐。今也，旧学则视为无用而唾弃之矣。（《岁晚读书录》）

传统文化是一种内发的心力，它不是刻意的，而是潜移默化的，它的影响虽然不明显，却无比深远。它的重要特征包括：强调伦理、倡导道德、贵和尚中、追求稳定、重视情感和人文教养等。多了这些，人际如何不和谐，生活如何不闲雅？

社会越进步，传统越重要

> 吾以为孔教者，教育之教也，非宗教之教也。其为教也，主于实行，不主于信仰。故在文明时代之效或稍多，而在野蛮时代之效或反少。（《论佛教与群治的关系》）

以人、神关系为主题的文化，社会越进步，神性越衰亡，所剩者唯普世之道德，多数民族的文化皆是如此，反不觉其特出。以人、群关系为主题的文化，社会越进步，群体越复杂，其理论越能发挥作用，此之谓“中庸之道”“和而不同”。

博我以文，约我以礼

孔子认为，人若常常把精神提起，体魄自然强壮；若散散漫漫过日子，便养成偷懒的习惯，整个人变成暮气了。习礼以庄敬为主，最能抖擞精神，所以说“固肌肤之会，筋骸之束”。（《墨子学案》）

孔学的核心是个“仁”字。什么是仁？把人当人，永远心存关爱和尊重，就叫以人为本。如何做到仁？克己复礼。子曰：“克己复礼为仁。一日克己复礼，天下归仁焉！为仁由己，而由人乎哉？”朱熹所谓的“克己”就是克制私欲，私欲既去，便心如明镜，天清气朗。

经典任何时候都有用

著述有带时代性的，有不带时代性的。不带时代性的书，无论何时都有用，旧书里头属于此类者确不少。（《〈要籍解题及其读法〉自序》）

带时代性的著述，经历的是知识——常识——被淘汰的过程；不带时代性的著述，经历的是常识——经典——被传承的过程。

有些经典需熟读成诵

我所希望熟读成诵的有两种类：一种类是最有价值的文学作品，一种类是有益身心的格言。（《治国学杂话》）

经典的确能够陶冶性情、塑造灵魂。诵读屈原、杜甫，虽然不能指导你以何种方式为社会出力，但能够让你体会到责任与激昂；诵读陶潜、苏轼，虽然不能帮你解决生活中的难题，但能够让你体会到洒脱的幸福。

直指人心的感悟之美

读中国书，自然像披沙拣金，沙多金少。但我们若把他作原料看待，有时寻常人认为极无用的书籍和语句，也许有大功用。须知工厂种类多着呢，一个厂里头还有许多副产生物哩，何止金有用，沙也有用。（《国学入门书要目及其读法》）

与西方哲学著作往往体系完整、规模宏大不同，中国古代典籍更多是零散、感悟和启发的小品。体系完整是科学研究的特征之一，却也意味着封闭和孤立；感悟和启发貌似缺乏论证，却耐得住咀嚼与探究。

孔子是什么主义

（孔教乃）进化主义非保守主义；平等主义非专制主义；兼善主义非独善主义；强立主义非文弱主义；博包主义非单狭主义；重魂主义非爱身主义。（《论支那宗教改革》）

世人对于儒家的偏见，任公所举大致可以包括。面对儒家，世人与任公的区别在于：世人心中有一种原理，并按照这种理想去批判儒家；任公心中也有一种原理，却是按照这种理想去印证儒家。批判儒家的，只剩下空洞的道理以及对传统的鄙视；印证儒家的，却做到了理事合一以及对文化的热爱。

这正是继承文化该有的态度。做学问的，会将“饿死事小，失节事大”之言批得体无完肤，但在一个道德堕落的时代，它却是一面高尚的旗帜。所以任公才会强调，所谓“‘陈腐’之事物，决不可轻看而唾弃之”（《自由书》）。

爱真理，更爱自由

> 吾之所以忠于孔教者，则别有在矣。曰：毋立一我教之界限，而辟其门，而恢其域，损群教而入之，以增长荣卫我孔子是也。（《保教非所以尊孔论》）

佛陀说：“天上地下，唯我独尊。”耶稣说：“上帝之外，别无真神。”孔子说：“三人行，必有我师焉。择其善者而从之，其不善者而改之。”所以梁启超说：“大哉孔子，大哉孔子！海阔凭鱼跃，天空任鸟飞……”

一厢情愿不会天长地久

其于古人也，吾时而师之，时而友之，时而敌之，无容心焉，以公理为衡而已。（《论自由》）

对待传统，一方面要抱有宽容爱惜之心，另一方面也要实事求是。宽容爱惜不是不讲原则，实事求是不是只重学术。对于传统的继承，绝不是建立在盲目的情感之上，如同天长地久的爱情，从来不是盲目的一厢情愿。

生活的艺术

审美本能，是我们人人都有的。但感觉器官不常用或不会用，久而久之，就麻木了。一个人麻木，那人便成了没趣的人。一个民族麻木，那民族便成了没趣的民族。（《美术与生活》）

孔子闻《韶》，三月不知肉味；伯牙鼓琴，子期听而知音。中国人的理想境界，是情感的境界、艺术的境界、审美的境界，当然，也是生活的境界。

圣人是可学的

孔子的人格，在平淡无奇中现出他的伟大，其不可及处在此，其可学处亦在此。（《孔子》）

孔子是圣人，却和其他民族的圣徒、先知不同。耶稣死后仍可复生，摩西令红海分开，穆罕默德乘天马登霄，释迦牟尼可以生而能言，他们的行为是我们没办法做到的。孔子则不同：学而不厌，诲人不倦；发愤忘食，乐以忘忧……他从不认为自己和别人有什么本质的不同，“我非生而知之者，好古，敏以求之者也”“十室之邑，必有忠信如丘者焉，不如丘之好学也”。

孔子的伟大，就在于他是可学的。

老子的热心肠

常人多说老子是厌世哲学，我读了一部《老子》，就没有看见一句厌世的话。他若是厌世，也不必著述这五千言了。老子是一位最热心肠的人；说他厌世的，只看见“无为”两个字，把底下“无不为”三个字读漏了。（《老子哲学》）

儒家刚健、有为、进取、入世，道家柔顺、无为、退守、潜隐。“道不行，乘桴浮于海”是孔子难得一见的冷面孔，“夫唯不争，故天下莫能与之争”是老子深藏不露的热心肠。其实无论儒道，都在用自己的方式希冀一个更美好的世界。

治愈系的道家

道家最大特色，在撇却卑下的物质文化，去追求高尚的精神文化，在教人离开外生活以完成内生活。（《〈先秦政治思想史〉本论》）

道家与道教不同。道教是一种宗教，它追求长生（寿），崇拜偶像。崇拜偶像的，期求较常人更大，未曾修心先已伤心；追求长生（寿）的，过分执着于自身，未曾修身先已伤身。道家是一种哲学，它少私寡欲，以柔为贵。少私寡欲的，不过分驰求，不因外物而搅乱内心；以柔为贵的，能坚持恒久，不因外力而轻易崩溃。

道家以一种前所未有的方式守护着人的精神尊严。

墨子的大爱

我们研究墨子，不但是研究他的学说，最要紧是研究他的人格。论学说呢？虽然很有价值，但毛病却也不少。论到人格，墨子真算千古的大实行家，不唯在中国无人能比，求诸全世界也是少见。（《墨子学案》）

墨子云，“爱人不外己，己在所爱之中”（《墨子》），意谓爱别人与爱自己并不是对立的，爱别人就是爱自己；又云，“爱人非为誉也，其类在逆旅”（《大取》），意谓爱别人不是为了声誉，就像两个在外的游子，本就该互相帮助。本着这两种认识，墨家自觉地帮助受到威胁的国家：面对强敌，他们赴汤蹈火，死不旋踵；战争结束，他们立即折返，既不图报，更不索恩。墨子与公输班（鲁班）斗法，借此消弭战争于无形的故事，更是让人神往。

屈原的意义

研究屈原，应该拿他的自杀做出发点。屈原为什么自杀呢？我说：他是一位有洁癖的人，为情而死。他是极诚专虑的爱恋一个人，定要和他结婚；但他却悬着一种理想的条件，必要在这条件之下，才肯委身相事。然而他的恋人老不理会他！不理会他，他便放手，不完结吗？不不！他决然不肯！他对于他的恋人，又爱又憎，越憎越爱；两种矛盾性日日交战；结果拿自己生命去殉那种“单相思”的爱情！他的恋人是谁？

是那时候的社会。

他从发心之日起，便有绝大觉悟，知道这件事不是容易。他赌瞀和恶社会奋斗到底，他果然能实践其言，始终未尝丝毫让步。但恶社会势力太大，他到了“最后一粒子弹”的时候，只好洁身自杀。我记得在罗马美术馆中曾看见一尊额尔达治武士石雕遗像，据说这人是额尔达治国几百万人中最后死的一个人，眼眶承泪，颊唇微笑，右手一剑自刺左胁。屈原沉汨罗，就是这种心事了。（《屈原研究》）

如何看待屈原之死？或许这是一个永恒的争论。人们习惯于从价值和意义两方面来讨论问题，以为屈原的死虽于国于民无益，却为后世树立了爱国的榜样。但若于国于民无益，爱国又从何说起？

屈原的死，不是为了于国于民有益，乃是因为于国于民无益。不明白他的人认为，活着就是目的；明白他的人懂得，活着要有意义。他有着那么崇高的理想，却没有任何机会去实现，他不是为了活着而活，所以活着也就没了意义。

屈原的值得赞叹，不是因为他的死，甚至不应该因为他的爱国，而是因为他懂得生命需要抉择。

人所以不能坦然，是由于得失和比较，佛教强调无常、无我，让人直面它、解剖它，这是用釜底抽薪的方法获得彻底的坦然。

人所以不能冷静，是出于愤怒和焦虑，佛教有忍辱之法和禅定之法，使人学会冷静地思索。

佛教的教义是让人完全独立，从这个角度看，也许它的确是“最圆满”的。

人民需不需要信仰

中国人现在最大的病根，就是没有信仰。……现在想给我们国民一种防腐剂，最紧要是确立信仰。（《评非宗教同盟》）

中国的文化讲此生不讲彼岸，讲人性不讲超越。所以活在当下便是永恒，只要你守护心性，勤加修炼，人人可以成尧舜。中国没有漫天的神佛，只有天地间一个大写的人，一个道德高尚的人。头顶的灿烂星空和胸中的道德律令是融会贯通的，天地运行的正道就是心中的浩然正气，所以中国文化里的人是可与天地并称的。

我们的传统的确没有某种绝对超越的信靠，但我们的确曾经拥有某种关于道德的信仰。

心如工画师

佛说三界唯心，万法唯识。吾以为不能焉，以为可畏焉，斯不能矣，斯可畏矣；吾以为能焉，以为无畏焉，斯亦能矣，斯亦无畏矣。此其理真非钝根众生之所能悟也。（《新民说》）

崇尚自心的力量，通过治心改造自我的世界观，使之适应客观世界，这不是失意者的消极选择，而是聪明人的成功之道。

不立文字，直指人心

信仰怎么样才能确立呢？我再复述前头一句话：“只有情感能变易情感，理性绝对的不能变易情感。”（《评非宗教同盟》）

农夫在田间耕地，大雨倾盆而下，他是应该找个地方避雨，还是冒雨继续耕种？自然是前一种，你不会说避雨者懒惰，也不必称冒雨者勤劳。面对信仰，也是这个道理。

佛教的圆满

启超确信佛教为最崇贵最圆满之宗教，其大乘教理，尤为人类最高文化之产物，而现代阐明传播之责任，全在我中国人。（《为创立文化学院事求助于国中同志》）

神明若是无所不能，崇拜为何不能让人幸福？带给人幸福的，不是神明，而是道理。就教理而言，大多数宗教都能使人诸恶莫作、众善奉行，也能带给世人温暖与幻想，却很少能教会人们如何坦然地面对、冷静地思索。

人所以不能坦然，是由于得失和比较，佛教强调无常、无我，让人直面它、解剖它，这是用釜底抽薪的方法获得彻底的坦然。人所以不能冷静，是出于愤怒和焦虑，佛教有忍辱之法和禅定之法，使人学会冷静地思索。

佛教的教义是让人完全独立，从这个角度看，也许它的确是“最圆满”的。

心无挂碍

知无所谓成，则无希冀心；知无所谓败，则无恐怖心。（《自由书》）

任公此论深得《心经》旨趣——这是只有260字的佛教经典，其中包括人们熟知的“色不异空，空不异色，色即是空，空即是色”。本经称：“菩提萨埵，依般若波罗蜜多故，心无挂碍。无挂碍故，无有恐怖，远离颠倒梦想，究竟涅槃。”想要对治时间烦恼，就要心无挂碍，如何心无挂碍？依佛法（般若波罗蜜多）去思考和面对。

很多时候，所谓失败不是因为水平不够、条件不足，而是牵挂太多、压力太大。若懂得佛法，做事之时，就会想着步骤却心无挂碍。

舍就是得

天下事理，有得必有失，然所得即寓于所失之中，所失即在于所得之内。（《宗教与哲学家之长短得失》）

我们以为结果有两个，一个得，一个失。其实应该说，每个结果都有两个方面，一个得，一个失。

有这样一个故事：一个人在车祸中失去了双腿，朋友和亲戚都来慰问，而他却说："这事确实很糟糕。但是，我却保存下了性命，而且通过这件事认识到，原来活着是一件多么美好的事情——而以前我却从未这样清醒地认识过。现在你们看，我不是一样顺畅地呼吸，一样欣赏天边的云朵和路边的野花？我失去的只是双腿，却得到了比以前更加珍贵的生命。"

佛教强调"舍得"，很多人以为是"舍了才得"，其实"舍就是得"。懂得这个道理，人才会事事心安。

养心不必逃禅

故养心者，治事之大原也。自破碎之学盛行，鄙夷心宗谓为逃禅，因佛之言心从而避之，乃并我之心，亦不敢自有，何其傎也。（《湖南时务学堂学约》）

佛教是劝人逃避的宗教，不单是身的逃避，更是心的逃避。如此印象不能说全是误会，但绝对不是佛法的全部。如人照镜，美丑自得，与镜何关？

人要成功，养心最重要，当人们为了人生、事业而努力的时候，佛法同样有所助益。努力之时，如何不畏艰难，精进勇猛？择决之际，如何不瞻前顾后，患得患失？成功之际，又如何面对自身的满足感，不至不进反退？乃至虽经努力却仍收获失败，又如何保持心态平和，不急不躁？

这些心态，都是佛学所关注的，深入经藏，不单能找到答案，更能将其内化为自身的行为。

无限开阔的境界

此君（谭嗣同）前年在都与穗卿同识之，彼时觉无以异于常人，近则深有得于佛学，一日千里，不可量也。（《1896 年与严幼陵先生书》）

佛学绝非仅供避风的港湾，更是助人乘风破浪的帆船，这在谭嗣同身上体现得非常明显。在他为戊戌变法牺牲的前两年，他才开始接触佛教。在学佛最精进的那段时间，他创作了著名的《仁学》。

全书思想以佛学贯穿，谭嗣同称其学为“冲决网罗”之学：“网罗重重，与虚空而无极，初当冲决利禄之网罗，次冲决俗学若考据、若词章之网罗，次冲决全球群学之网罗，次冲决君主之网罗，次冲决伦常之网罗，次冲决天之网罗，次冲决全球群教之网罗，终将冲决佛法之网罗。然真能冲决，亦自无网罗，真无网罗，乃可言冲决。”借助于佛教，他变得异常刚健雄猛，不为任何学问所笼罩，并终将冲破佛学的范围。

无限地开阔自己的境界，不为任何界限所束缚，这正是佛教的精神。

不动心的修养

闻彼则喜，闻此则悲，非学道人所应尔也。（《1896年与吴季清书》）

一般人，听道理时能契入，且有所悟，但遇到现实的境界时，往往心随境转，功夫全废，这就是修养不足的表现。修养高的人能做到不动心，即无论何时皆不受环境的影响。

在孟子看来，“自反而不缩，虽褐宽博，吾不惴焉。自反而缩，虽千万人，吾往矣”，通过自我反省，要是理屈的话，面对一个平民，也会害怕；要是合乎义理，面临千军万马，我也勇往直前！佛教更进一层，如《金刚经》所云：“应无所住，而生其心。”内心没有任何执着，不执着于利益，不执着于感受，你所做的，便绝不会是错的。本着这样的心去做事，无论结果如何，都会问心无愧，处之泰然。

我不入地狱，谁入地狱

率吾不忍人之心，以忧天下救众生，悍然独往，浩然独来。（《湖南时务学堂学约》）

一般人所说的积极进取，不外是名利的争逐，声色的沉醉。谁曾想到牺牲自我、普度众生、上求大觉、精进不懈才叫积极呢？释迦世尊往昔修行时，舍身饲虎，割肉喂鹰；二祖慧可参拜达摩祖师时，立雪断臂，不退初心；玄奘大师西行取经时，涉八百里流沙，几至丧命。

有时候，我们凝视着"高尚"却不屑或不敢靠近它，而佛教强调不为自己求安乐，但愿众生皆离苦，令人在不知不觉之际便走上了高尚之路，这正是佛教积极入世的表现；更难得的是，在你行高尚之事时，佛法却要你远离"高尚"之念，将其等同于吃饭睡觉一般。

懂得忘我才能真正保存自我

> 今夫众生之大蔽，莫甚乎有我之见存；有我之见存，则因私利而生计较，因计较而生挂碍，因挂碍而生恐怖，驯至一事不敢办，一言不敢发。充其极也，乃至见孺子入井而不怵惕，闻邻榻呻吟而不动心，视同胞国民之糜烂而不加怜，任同体众生之痛痒而不知觉，于是乎大不仁之事起焉。（《仁学》序）

我们越来越现实，却越来越不真实，归根到底是“有我之见存”。无时无刻不体恤爱护“自我”，却最终导致“自我”的断裂与沦丧，这是最可怕也最可悲的悖论。

世界之外无净土

大乘之法，悲智双修，与孔子必仁且智之义，如两爪之相印。惟智也，故知即世间即出世间，无所谓净土，即人即我，无所谓众生，世界之外无净土，众生之外无我，故惟有舍身以救众生。佛说："我不入地狱，谁入地狱？"孔子曰："吾非斯人之徒与而谁与？天下有道，丘不与易。"故即智即仁焉。（《谭嗣同传》）

"我不入地狱，谁入地狱"的意思似乎是"舍己为人"。但千万别以为你真的舍弃了你自己，你要了解，你的行为恰恰是在成就你自己。

真正有智慧的人必定是慈悲的，真正的慈悲必定靠智慧推动！当一个人领悟了佛教的智慧，他的区别心就会越来越少，没有了区别心，就会升起无缘大慈，同体大悲。他并不是为了慈悲而去除区别心，而是明白没有区别心就不会被束缚，他只是为了满足解脱的欲望而已。

天上成不了佛

种种烦恼，皆为我练心之助；种种危险，皆为我练胆之助；随处皆我之学校也。我正患无就学之地，而时时有此天造地设之学堂以饷之，不亦幸乎！我辈遇烦恼遇危险时，作如是观，未有不洒然自得者。（《养心语录》）

《增一阿含经》云：“诸佛世尊皆出人间，终不在天上成佛也。”《坛经》云：“佛法在世间，不离世间觉。”佛果之所以只在人间成就，佛法之所以只在人间建立，是因为人间的欲望、烦恼太多了，太重了，你越是努力去认知，去克服，你的修养就越高，这是令人成才的必要条件。所以，凡是成大事者，没有不珍视这些的。

我不是为了生气才种兰花的

扰扰焉送一生于惊喜忧乐之中，果胡为者？若是者谓之知有物而不知有我，知有物而不知有我，谓之我为物役，亦名曰心中之奴隶。（《自由书》）

有一位禅师非常喜欢栽种兰花，一天外出，交代弟子好好照顾寺里的兰花。一天，弟子们不小心将兰花架碰倒了，兰花散了满地。弟子们非常恐慌，等着向师父赔罪领罚。禅师回来了，闻知此事，说道："我种兰花，一来是希望用以供佛，二来也是为了美化寺里环境。我不是为了生气而种兰花的。"

因获得而开心，因失去而伤感，这难道不正常吗？谓其正常，是因为多数人皆是如此；谓其不正常，是因为人本可以不这样。人应该如何做才算正常呢？禅师的思维或能给人以启示。

你知道去哪儿找自己吗

日处于城市杂遝之地，受外界之刺激熏染，常不复自识我之为我，故时或独处静观，遁世绝俗，然后我相始可得见。（《自由书》）

生活的节奏越来越快，我们却不是指挥者。人们皆是如此，我们便不以为然。我们以为这是社会发展的必然现象，却在不知不觉中丧失了自我。我们不知道我们可以放慢一些，我们不知道我们可以看淡一些……

我们没办法灵活地指挥心性，只好寻找能够改变节奏的方法。对于很多人而言，需要的不是如何进入生活，而是如何从生活中解脱；需要的不是如何工作，而是如何认识到工作之外的事业。就社会而言，你只是一个零件；就个人而言，你却是唯一。

以出世的姿态做入世的功课

寻常人能入世界而不能出；高流者能出世界而不能入；最高流者，既入之，复出之，既出之，复入之，即出即入，非出非入，夐哉尚乎！望之似易，行之甚难。虽不可强而致，顾不可不学而勉。（《自由书》）

我们认为寄情于山水之间是消极的，栖身于欲望之渊是堕落的，只有自己是正常的。但也许，我们只是没有舍离世间的勇气，却有着堕落红尘的欲望。我们随时都可能比别人更消极，更堕落。

我们没资格去评价别人的消极或堕落，只有资格反省自己的生存和境遇。如果我们能意识到自身的无法掌控，就会生出成为"最高流"的理想，以出世的姿态做入世的功课。

觉悟者无畏

先生所以不畏疑难，刚健果决，以旋撼世界者，皆此自信力为之也。盖受用于佛学者深矣。（《康南海先生传》）

佛教何以让人自信、无畏呢？佛称自己是“无依道人”，从修行到证果，没有别人能够替代得了，一切都要靠自己的努力。佛教肯定每一个人都是自己的主人，不必仰赖神或佛，只要努力，都可以成佛。

佛教带给信徒的目的是成佛，而成佛的最终原则是为一切众生而活。所以，一切贡献他人、贡献社会的行为都是为自己而活的行为，觉悟到这一点的人，自然不畏疑难，刚健果决。

佛的欲望

又以为我不入地狱，谁入地狱救此众生，故遇患难，遇穷困，皆谓为我所应有，必如是乃尽吾责任也。（《康南海先生传》）

我不入地狱，谁入地狱，这是一种敢为别人牺牲，一种经世济民的精神，也是一种勇猛精进、拯救人心、改造社会风气的精神。

以这样的态度生活的人，不是用“责任”支撑自己的行为，而是用“欲望”。佛教注重培养这种“欲望”。在佛看来，救度众生，是一切诸佛的欲望——准确地说是大愿力，诸佛心地清静，视一切众生如同自己的子女，子女受苦，父母当然要义无反顾地去救。

也做佛菩萨

夫迷信于宗教而为之奴隶，固非足贵，然其借此以克制情欲，使吾心不为顽躯浊壳之所困，然后有以独往独来，其得力固不可诬也。（《论自由》）

佛教信仰可以分为三个层次：第一层，与佛菩萨交易；第二层，做佛菩萨的奴隶；第三层，也做佛菩萨。

在繁忙中找到自心

彼其于群雄扰攘四海鼎沸之顷，泊然置其一身于世界外之世界，而放炯眼以照世界，知自己之为何人，知世界之为何状，己与世界有如何之关系，知己在世界当处如何之位置。（《自由书》）

在动荡的社会，我们仍可以寻觅一处净土；但在繁忙的社会，我们到哪里去寻觅这样的净土呢？

也许仍然应该从内心做起，消除任何幻想、判断与抗拒，认清你是谁，以及你的情况如何。看清楚你的角色与功能，看清楚你的本分与义务，尤其是对他人负有哪些责任。最后，你应该认清，个体虽然完整，但却是相互关系中不可分割的一部分。当你认清事实时，改变自然会发生。事实上，改变内心可以在一瞬间完成。

信而不迷的智慧

他教之言信仰也，以为教主之智慧万非教徒之所能及，故以强信为究竟。佛教之言信仰也，则以为教徒之智慧必可与教主相平等，故以起信为法门。佛教之所以信而不迷，正坐是也。（《论佛教与群治之关系》）

“佛陀”是人间的觉悟者。佛陀虽能觉悟世间的一切原理，却不能改变世间已有的状态；佛陀虽能化度众生，众生能否得度，尚须由众生自己决定。佛陀是最好的良医，能为众生的痛苦诊断并开处方。众生服他的药，必定得度；如果不肯服药，佛陀也是爱莫能助。因此，佛陀不以创世主自居，甚至不希望徒众们对佛陀作形式上的崇拜；能够实践佛的言教，就等于见佛敬佛，否则，即使随侍在侧也是枉然。

佛教所以信而不迷，就在于它不在乎你是否信仰，它关注的是你能否像佛一般智慧地生活。

信仰的伟大之处

且吾今之言，言宗教也，非言宗教学也。若言宗教学，则固有优劣高下之可言。今以之立身，以之治事，则不视其教之优劣高下何如，而视其至诚所感所寄之程度何如。虽劣下如袁了凡之宗教，有时亦能产人物，他无论也。（《论宗教家与哲学家之长短得失》）

任何一个宗教的教主，都不是为了学术而创教。宗教虽然可以成为学问，若仅从学问的角度看待宗教，却是捡了芝麻而丢了西瓜。

宗教的伟大不在于它能够佑护信众，而在于通过信仰产生不可思议的力量——你自己的力量。如果我们以这样的态度认识宗教，就会发现，我们不但进入了宝山，而且自己也变成了宝。

迷信与正信

摧坏宗教之迷信可也，摧坏宗教之道德不可也。道德者天下之公，而非一教门之所能专有也。苟摧坏道德矣，则无忌惮之小人，固非宗教，而又岂足以自附于哲学之林哉！（《论宗教家与哲学家之长短得失》）

真正的佛教是正信的，佛陀告诉世人，没有谁可以决定别人的命运，一切都遵循因果法则；没有什么是永恒的，不必因得失而忧虑；每个人都可成为圣人，只要你努力增长智慧和福德。

欲望、畏惧与高尚

宗教者，天然性之反对者也，补助者也，常有宗教以与人类天然之恶质相抗，然后能促人群之结合，以使之进步。故宗教家言，未有不牺牲个人现在之利益以谋社会全体未来之利益者，宗教之可贵，在是而已。（《进化论革命者颉德之学说》）

人生来就有欲望，令人沉沦而难以拒绝；人生来就有畏惧，常被欲望深深压抑；人生来就追求高尚，常被欲望轻轻抛弃。佛教综合了人的欲望、畏惧与高尚，向世人表明，只有高尚才会实现欲望，解除畏惧。其高尚不是因为欲望，而是因为理想；其高尚不是因为畏惧，而是因为慈悲。

第五章

历史的和当代的信息

关于历史，意大利学者贝内德托·克罗齐1917年说过一句一百年来已快被用滥了的名言："一切历史都是当代史。"这句话的本意并非贬低或否定历史，正如朱光潜先生所理解和阐释的那样，克罗齐强调过去的历史应引起现实的思索，打动现实的兴趣，和现实的心灵生活打成一片，这样的话，它在现时的思想活动中才能复苏，才获得它的历史性，"所以一切历史都必是现时史……着重历史的现时性，其实就是着重历史与生活的连贯"。克罗齐认为，一切历史，当它不再被思考，而只是用抽象词语记录，就变成了编年史，尽管那些词语曾经是具体的和富有表现力的。而在他看来，编年史是死的历史。

知道从哪儿来，才知道往哪儿去

> 今日欧洲民族主义所以发达，列国所以日进文明，史学之功居其半焉。（《新史学》）

清末，人们论及西方为何发达，皆归因于科学技术；其后，皆归因于政治制度；再后来，更深入到了思想解放的境界。但任公于20世纪初却称，史学的发展也居功至伟。

任公认为，只有完善的史学教育，才能培养独立的思考能力和健全的国民意识，只有思考能力更上层楼，国民意识深入人心，才能产生对内、对外两方面的影响。对外，实现民族独立，保存自身文化（民族主义）；对内，实现社会稳定，促进文明发展（日进文明）。这是常识，却很深刻。

历史的意义在于经验教训

历史的目的在将过去的真事实予以新意义或新价值，以供现代人活动之资鉴。（《中国历史研究法补编》）

此所谓“一切历史都是当代史”。任公又强调，“无论欲治何学，苟不通历史，则触处窒碍，怅怅然不解其云何”（《东籍月旦》）。

历史素养与公民素质

国民教育之精神，莫急于本国历史。（《东籍月旦》）

倘若中小学教育里头没有好好的国史教育，国民性简直不能养成。（《我对于女子高等教育希望特别注意的几种学科》）

史学者，学问之最博大而最切要者也，国民之明镜也，爱国心之源泉也。（《新史学》）

夫所贵乎史者，贵其能叙一群人相交涉相竞争相团结之道，能述一群人所以休养生息同体进化之状，使后之读者，爱其群善其群之心，油然生焉。（《新史学》）

国民，是针对国家而言享有权利及承担义务的人。熟悉历史的人，就会知道个人与国家之间，以前是什么关系，现在是什么关系，应该是什么关系；熟悉历史的人，就会知道国家的政策哪些是进步的，哪些是倒退的，该如何坚持与改善；熟悉历史的人，就会知道本国与外国的发展历程及特色，汲取他山的经验和教训。所以，无论从政与否，了解这些都是你的权利和义务，坚持这些才算是合格的国民，否则，你只是封建时代的黔首而已。

而爱国心是如何由读史而生的呢？

一个人对家中财物的来历了如指掌，对家就会抱有爱惜之情；对家中财物的来历毫不知情，对家就不会有爱惜之情，于是败家子应运而生。同理，培养爱国热情就必须从学习本国历史做起。

历史是智慧，不是记忆

> 其实我们读历史，要看他们人格如何，每事如何对待，遇困难如何打破，未做之前如何准备，这一点比知道当时呆板的事实更为重要。（《中国历史研究法补编》）

历史的意义绝不仅仅是激励情感。史书中包含了上至治国变法，中到兴家立业，下到邻里相处的种种，当我们接触这些记载时，如果能着意关注事件的起因、经过、结果，我们就多了一种发现问题、整理问题、解决问题的能力；只要着意关注历史人物面对事件时的心态，我们就多了一份百折不挠、谦逊忍让、洒脱自在的品格。历史既陶冶人们的情操，又提升人们的智慧。

跟着任公学历史

读断代史，不如读通史；读古史，不如读近史；读追述之史，不如读随记之史；读一国之史，不如读万国之史。（《续译列国岁计政要叙》）

历史的意义如彼所说，普通人要如何阅读历史书籍呢？对此，任公以自己的经验，指出了一些原则。

第一，读通史。中国的正史，篇幅大（中华书局版《二十五史》有二百八十九册），问题不集中（均以纪传体为主），所以，当以阅读通史为先，通史篇幅小（《资治通鉴》及《续资治通鉴》共三十二册，数量少了近九成。如果仍然觉得数量繁多，范文澜《中国通史》只有十册，吕思勉《中国通史》只有两册），问题集中（分类明晰，脉络清楚），几千年的历史文化，条分缕析，集于一书，自然事半功倍。

第二，读近史。就现实生活而言，可资借鉴的古代历史毕竟少于近代；读近代历史能够让我们对当下的生活认识得更透彻。

第三，读随记之史。追述之史多为大事，缺少生活的内容；使用二手材料，没有真切的感受。这些使得追述之史成了死的事件。随记之史（古人的笔记等）恰恰相反，不仅有对当时社会的反思，还有自己切身的体会，这些使得随记之史成了活的生活经验。

第四，读世界史。若仅知本国历史，则视野狭窄。读世界史，不但知道自己在世界的位置，也了解别人在世界的位置，这样更清楚自己该做什么。

历史不是遮羞布

再如讲中国史，听见外国人鄙视中国，心里就老大不愿意，总想设法把中国的优点表彰出来，一个比一个说得更好，结果只养成全国民的不忠实之夸大性。（《中国历史研究法补编》）

读史是希冀还原真相，以及真相背后那些错综复杂的人性。对于屈辱史，我们应该找寻所以如此的原因；对于光荣史，亦当如此。读史要改造性格与思维。面对屈辱史，想想自己若在当日，能否发生改变现状的行为；对于光荣史，想想自己若在当日，能否成为创造光荣的因素。

历史不能堕落为“服务性行业”

倘若把许多史迹相异的属性剔去，专抽出那相同的属性，结果便将史的精魂剥夺净尽了。（《研究文化史的几个重要问题》）

英雄者不祥之物也。人群未开化之时代则有之，文明愈开，则英雄将绝迹于天壤。（《文明与英雄之比例》）

“如果不通过史诗这种手段，也就是说把历史当作英雄故事一样来讲述，历史怎样才能坚持自己的话语，找回自己的过去？”——米歇尔·福柯

“历史书里没有细节，生动的历史被淹没到抽象的数字里了。”——贾樟柯

关于历史，意大利学者贝内德托·克罗齐 1917 年说过一句一百年来已快被用滥了的名言：“一切历史都是当代史。”这句话的本意并非贬低或否定历史，正如朱光潜先生所理解和阐释的那样，克罗齐强调过去的历史应引起现实的思索，打动现实的兴趣，和现

实的心灵生活打成一片，这样的话，它在现时的思想活动中才能复苏，才获得它的历史性，“所以一切历史都必是现时史……着重历史的现时性，其实就是着重历史与生活的连贯”。克罗齐认为，一切历史，当它不再被思考，而只是用抽象词语记录，就变成了编年史，尽管那些词语曾经是具体的和富有表现力的。而在他看来，编年史是死的历史。福柯的质疑——历史怎样才能坚持自己的话语，找回自己的过去？就是站在当下对于历史的重新思考，他提出的反传统、反英雄化的历史表现方式，正是对“死的历史”的反动。包括贾樟柯所关注的历史中的细节和个人，也是希望让历史复活，让沉默不语的历史“重新开口说话”——当然，是说它自己的话。

强调历史的现时性、当代性这一基本属性是一回事，而克罗齐的名言中被人误解的那层意思，即历史常常取决并屈从于现实权力拥有者的意志，则依然不容回避和忽视。英国学者桑德拉·哈尔珀琳在《现代欧洲的战争与社会变迁》一书的序言中说：“确实，历史是人类洞察力的源泉之一。但是，由于历史也是一个激发各种关于未来观点的竞技场，所以对历史的书写和阅读也就是一种党派性事务。因此，在历史中寻求智慧取决于我们对自身所仰赖的历史叙述的精密评估能力，包括这些历史叙述是怎么兴起的，为何它们能够赢得目前这种权威地位，它们是怎么被塑造的，以及它们又怎么依次型构了我们时代和刚刚过去的主要冲突。”法国学者朱利安·班达同样尖锐地指出：“历史学家的媚俗行为达到了登峰造极的地步。人们从没有想过要在当代看到历史开始为政党精神或民族激情服务，但是半个世纪以来，人们却目睹了历史学家有意识地让历史为政治服务。真正新奇之处在于大家视之为合法。”照此看来，对于克罗齐所说的当代性，我们理应保持必要的警惕，因为对于历史的现实思考，必然涉及思考的出发点和方向，而这就成了敏感的政治问题。不是大家愿意视之为合法，而是权力、权威将其合法化了，这一点都不新奇。所以，历史在现时思想活动中的复苏，也完全有可能成为一件十分危险的事情，可能成为对历史的借尸还魂，成为给历史穿上的新衣，历史就此沦为“玩意儿”，历史学则沦为“服务性行业”。

关键不在于记住过去，而在于思考过去

> 一、现行教科书全属政治史性质，其实政治史不能赅历史之全部。二、旧式的政治史专注重朝代兴亡及战争，并政治趋势之变迁亦不能说明。三、关于社会及文化事项，虽于每朝代之后间有叙述，然太简略，且不连贯。（《中学国史教本改造案并目录》）

培根所说的“读史使人明智”，绝不是一个自然或必然的结果，它基于两个前提：一要看读的是什么史，二要看怎么读。霍布斯鲍姆在《极端的年代》开篇即指出一个现象：对历史事件的记忆已不复存在。他认为，对过去历史的破坏，更确切地说，对将人们当前的经历与前辈们的经历联系起来的社会机制的破坏，是20世纪末期最典型和最怪诞的现象之一。霍布斯鲍姆所说的这种社会机制，这种过去历史与当前现实的断裂，又把我们再度引向克罗齐那句名言。汉娜·阿伦特的弟子伊丽莎白·扬·布鲁尔指出，多数知识分子认为，总会有“过去的教训”能让我们借鉴，只要记住过去就不会重

蹈覆辙。这种看法低估了思考的重要性。关键不在于记住过去，而在于思考过去，揭示它的意义，从而避免陷入重走老路的冲动，而那些只有记忆却不思考的人很容易陷入这种冲动。扬·布鲁尔和克罗齐同样强调的这种对于历史的思考的缺乏，常常会引出另外一个结论——读史使人悲观。

我们从历史中获得品格与智慧，更在现实中获得品格与智慧。在这个信息爆炸的时代，每个人都不断地接受来自外界的信息，也不断地产生对于外界的看法，秉持何种态度接受信息，发表言论，看似没什么意义，实则意义重大。

在信息之海中悠游

阅报愈多者，其人愈智；报馆愈多者，其国愈强。曰：惟通之故。（《论报馆有益于国事》）

一个民族，只有与世界充分交流与互动，才不会封闭和自满。但是，交流之所以使人智慧，不是因为多，而是因为“通”，头脑清通，融会贯通。所以问题的关键在于，如何在信息之海中悠游，而不是沉没。

奋起的一代，还是垮掉的一代

知道过去能造历史的人物素养如何，可以随他学去，使志气日益提高。所谓“奋乎百世之上，百世之下，闻者莫不兴起也”。（《中国历史研究法补编》）

1988 年，美国前总统尼克松出版《1999：不战而胜》一书，对未来世界大格局做出预测，他认为：“最终对历史起决定作用的是思想，而非武器。当一个国家的人民不再热爱自己的传统文化和相信自己的道德价值观时，它就不战自败；就会成为垮掉的一代。”

娱乐至死

记载琐故，采访异闻，非齐东之野言，即秘辛之杂事，闭门而造，信口以谈，无补时艰，徒伤风化，其弊一也。（《论报馆有益于国事》）

军事敌情，记载不实，仅凭市虎之口，罔惩夕鸡之嫌，甚乃揣摩众情，臆造诡说，海外已成劫烬，纸上犹登捷书，荧惑听闻，贻误大局，其弊二也；（《论报馆有益于国事》）

关于互联网对8700万美国年轻人的影响，美国亚特兰大埃默里大学教授马克·鲍尔莱恩以其著作《最愚蠢的一代》开宗明义地给出了自己的回答。

作者刻意挑选了“愚蠢”这个刻薄的词汇，可谓用心良苦。他的本意是“年轻人需要在自己的生命中保留一个空间，可以与历史、与艺术、与公民理念相遇”。他说“愚蠢”并不是指这一代人的智力有什么问题，而是在于他们本有最好的机会和资源成为最聪明、最博学的一代，却没有善加利用，反而沉浸在自己的小世界里。他所谓的“小世界”就是已经大到突破或者说替代人类理性和想象世界的数字世界。他举例说：“一个 15 岁的孩子一个月发了 5000 条短信，父母说，够了，你太费钱了，他们没收了他的手机。对父母来说，这不过是个玩具，但对那个孩子来说，却是‘你毁了我的生活’。”

他认为互联网的危险就在于，“它的知识与信息资源过于丰富庞大，人们以为再也不需要将这些知识与信息内化为自己的东西。”“我想我们正在进入另一个黑暗和无知的时代。人类延续了数千年的知识、理性的传统，也许就这样结束了，剩下的只有娱乐和成功。”

娱乐至死，这绝不仅仅是针对美国年轻人的“危言耸听”。

站在舆论之外

甚矣人性之弱也！“城中好高髻，四方高一尺，城中好广袖，四方全幅帛。”（《论自由》）

充满了声音和狂热的生命，里面必定空无一物。人们很容易地便沦为世俗的奴隶，看到女子将头发高高盘起，便跟着盘得更高；看到男人好穿宽袖的衣裳，便浪费许多布帛做两筒袖子。对事物的判断完全失去自我感受，像被舆论摆布的玩偶。屈原在“世人皆醉我独醒，举世皆浊我独清”的遗世独立中区分香草与恶草；我们若只依靠舆论判断事物，在潮流中失掉自由与自主，那么，人生就会成为不再流动的死水。

发言是一种责任

若夫立言之宗旨，则仍在浚牖民智，熏陶民德，发扬民力，务使养成共和法治国国民之资格，此则十八年来初志，且将终身以之者也。（《鄙人对于言论界之过去及将来》）

《左传》云："太上有立德，其次有立功，其次有立言，虽久不废，此之谓三不朽。"张载曰："为天地立心，为生民立命，为往圣继绝学，为万世开太平。"所谓立言，是一件严肃的事情，抛开儒家的社会理想不谈，现代人至少应该学会好好说话，因为其中所包含的倾听、判断、妥协、责任正是最基本的公民素质。

不以成败论英雄

凡持议者，但当论其事之是不是，不当论其事之成不成。（《变法通议》）

若只以成败论英雄，这世上便只有成败，再无英雄。

骨肉和灵魂

故业报馆者而果有忧国民之心也，必不宜有所瞻徇顾忌。（《敬告我同业诸君》）

有客观而无主观，不可谓之报。主观之所怀抱，万有不齐，而要之以向导国民为目的者，则在史家谓之良史，在报界谓之良报。（《敬告我同业诸君》）

有人这样说过：客观事实是报纸的骨肉，理性思想是报纸的灵魂。如果只有骨肉没有灵魂，岂不成了行尸走肉？

第六章

坚持公德与移易人心

中国文化讲此生不讲彼岸，讲人性不讲超越。李泽厚称之为“乐感文化”，刘小枫则用“逍遥”来形容，以对应西方宗教文化的“拯救”。中国文化里的人是充满情感的，也是懂得克制的，我们固然没有超越与拯救的神，但我们有可与天地并称的人，只要你善于修养自己的德行，此之谓人人可以为尧舜。这是中国式的哲学，也是中国式的审美；是中国式地活在当下，也是中国式的终极关怀。

我们的传统的确没有某种绝对超越的信靠，但我们的确曾经拥有某种关于道德的信仰。所以问题的关键不在于所谓宗教、名誉和审美的缺失，而在于我们遗落了曾经作为安身立命之本的关于道德的信仰与践行。我们把自己弄丢了。

美丽新世界

苟不及今急急斟酌古今中外，发明一种新道德者而提倡之，吾恐今后智育愈盛，则德育愈衰，泰西物质文明尽输入中国，而四万万人且相率而为禽兽也。（《新民说》）

今之少年，喜谤前辈，觉得自己偌大本领，其实全是虚伪，不适于用，真可大惧。养心立身之道断断不可不讲。（《1900 年 4 月 21 日致叶湘楠等书》）

任公承继了严复等人的思想，在《新民丛报》开办伊始，便开宗明义道："本报取《大学》新民之义，以欲维新吾国，当先维新吾民。"《大学》本有"新民"之说，而任公所谓"新民"则是指近代意义上国民道德的改造与更新。

基于"新民"说，任公又提出"新道德"的观念。所谓"新道德"指的就是"公德"，故说"知有公德，而新道德出焉矣，而新民出焉矣"。新民就是要用新道德启蒙人民，而新道德就是爱国、爱群、爱真理等公德，是国家意识、进取意识、权利思想、自由精神、自尊合群、义务思想等国民意识或曰公民意识。任公认为，在列国并立、弱肉强食的时代，民族国家的自立之道，首要者即在于树立“国民”之意识，即一国之公民的意识。他认为这是学习西方政治、学术、技艺的根本所在。他所强调的是，国民必须明确自己对于群体、国家所负担的义务，以求益群利群，不可只享受群体的好处而不承担责任。过于注重“身”的人难免对“群”有所忽视。中国要从衰落转向振兴，一定要加强国民对“群”的责任意识。

当然，这种改造与更新在任公而言仍是辩证的、相对的，他从未有彻底抛弃传统之意，他说新民之“新”字有两层意思：一是锻炼激发本有的德性而使其日新之、自新之；二是学习采纳本来所没有的新道德而使其纳新、开新、更新之，两者不可缺一。不但“新”中应包括淬砺其所固有的“旧”德，而即便“旧”中所谓修身养性、独善其身的“私德”也断不可抛弃。所以，任公主张的“新民说”绝不是和传统的断裂，不是彻底抛弃一个民族所固有的精神资源而全盘向外、向西求取，调和并存才是最佳选择。

以此观之，比如泰西之彰显工具理性和重智主义的“浮士德精神”，若无东方传统中修养自性、克制欲望的种种私德（知止慎独、存心养性、忠信笃敬、刚毅木讷、克己复礼……）相调和，则不只是“四万万人”——这个星球上难免人人沦为禽兽矣。

道德是灵魂的安顿

现在一般人根本就不相信道德的存在，而且想把他留下的残余根本去剷除。（《北海谈话记》）

我们的问题，不仅仅在于“公德”（李泽厚所谓“社会性道德”）之不立，更在于“私德”（李谓“宗教性道德”）之不存，当社会失落基本规范，个体无从安身立命，这世界又该何去何从？

关键是，我们把自己弄丢了

> 欧美人高尚之目的不一端，以吾测之，其最重要者，则好美心其一也，社会之名誉心其二也，宗教之未来观念其三也。泰西精神的文明之发达，殆以此三者为根本，而吾中国皆最缺焉。故其所营营者只在一身，其所孳孳者只在现在，凝滞堕落之原因，实在于是。（《新大陆游记》）

中国文化讲此生不讲彼岸，讲人性不讲超越。李泽厚称之为“乐感文化”，刘小枫则用“逍遥”来形容，以对应西方宗教文化的“拯救”。中国文化里的人是充满情感的，也是懂得克制的，我们固然没有超越与拯救的神，但我们有可与天地并称的人，只要你善于修养自己的德行，此之谓人人可以为尧舜。这是中国式的哲学，也是中国式的审美；是中国式地活在当下，也是中国式的终极关怀。

我们的传统的确没有某种绝对超越的信靠，但我们的确曾经拥有某种关于道德的信仰。所以问题的关键不在于所谓宗教、名誉和审美的缺失，而在于我们遗落了曾经作为安身立命之本的关于道德的信仰与践行。我们把自己弄丢了。

真正的道德是圆满的

凡人不能以一身而独立于世界也，于是乎有群。其处于一群之中而与侪侣共营生存也，势不能独享利益而不顾侪侣之有害与否，苟或尔尔，则己之利未见而害先睹矣。故善能利己者，必先利其群，而后己之利亦从而进焉。（《十种德性相反相成议》）

任公强调国人应有“相善其群”的公德，但绝不排斥修身养性的私德，他在《新民说》中著写《论公德》一节之后，时过一年，又专门创作一节《论私德》，以平衡阐发自己的观点。事实上，真正的道德是圆满的，公与私互为表里，杨朱利己、墨子兼爱而终于融会贯通。很难想象一个卑鄙小人会有益于社会，一个反人类者竟品性高洁。所有的损人利己终究都是损人不利己，反之，《周易》有云，“积善之家必有余庆”，刘鹗有云，“人人好公（公众利益），则天下太平”（《老残游记》），这是极深刻的常识。

生命的粮

吾中国道德之发达，不可谓不早。虽然，偏于私德，而公德殆阙如。（《新民说》）

夫个人之堕落，则何国没有？何代没有？其不至胥人类而为禽兽者，则恃有社会之普遍良心以为之制裁。（《伤心之言》）

任公所谓“独善其身”是私德，“相善其群”是公德。“公德”是社群得以维持的条件，是个人与社群关系的和谐；“私德”是个人自身品性的完善，是个人立身处世的根本。“无私德则不能立”“无公德则不能团”，二者都是人类生存和社会发展的必需。任公认为中国传统文化的经典对于养成人的私德而言相当完备，而在公德培养方面却乏善可陈，这对近代国家的形成是不利的。

这个公私两分的观点不可谓不公允，但更进一步来说，“真正的道德是圆满的”，道德其实无所谓公私之分，一定要分，私德甚至更重要，私德是公德的基础，因为个人所没有的德性，绝无可能凭空成为团体共有的德性——“聚群盲不能成一离娄，聚群聋不能成一师旷”。所以任公也说，“私德者，人人之粮，而不可须臾离者也”“养成私德，而德育之事，思过半焉矣”。因此，要建设公序良俗，仍需反求诸己：“欲铸国民，必以培养个人之私德为第一义。欲从事于铸国民者，必以自培养其个人之私德为第一义。”

从每个人自己做起，把弄丢了的自我找回来，这才是当务之急，也是人间正道。

和光同尘，还是和而不同？

其老朽腐败者，以和光同尘为合群之不二法门，驯至尽弃其独立，阉然以媚于世。（《十种德性相反相成议》）

个体没有进入社会之前，大多不屑于牺牲自我坚持以换取利益；进入社会以后，就不断地为了利益而损害自我坚持，虽然感到身心不由自主，却坚信这是成熟的行为，这是顺利地与他人合群的行为。于是乎，合群的行为就成了不同程度地放弃自我坚持。

成熟不是青春的流失和梦想的褪色，更不是对人格独立的放弃。成熟是对自我的高度认知，是对行为的睿智把握。想要成熟，我们要的是“和而不同”，不是“和光同尘”。

最美的图画

一世界中，其种族之差别愈多，则其争乱愈甚，而文明之进愈难；其种族之差别愈少，则其争乱愈息，而文明之进愈速。全世界且然。（《变法通议》）

差别是争乱的因子，但争乱绝不仅因差别而引起。求同存异的本质是各得其所，追求协同。差异是活力之基，失却了差异，就不会再有进步，想要完全消除差异既是不可能的，也是不明智的。和谐是共存之基，将差异有序地排列，必然会成为一幅最美的图画。

一颗分别心

天下惟能谄人者为能骄人，亦惟能骄人者为能谄人。（《中国积弱溯源论》）

一颗分别心，一面是骄傲，一面是谄媚。

子贡曰：“贫而无谄，富而无骄。何如？”子曰：“可也。未若贫而乐，富而好礼者也。”子贡得到了孔子的首肯，但他心中仍然有个“别人”；孔子告诉他，你还可以更进一步——摆脱攀比，活出自我，这才是最高境界。

生命是一颗从里面打破的蛋

件件事都觉得“照例如此”“不成问题”，那么全个社会都僵冷，都钉住，再不会改进了。（《中国积弱溯源论》）

可爱者而不知爱，可哀者而不知哀，可怒者而不知怒，可危者而不知危；此所谓无人性也。（《新民说》）

　　鸡蛋从外打破是食物，从内打破是生命。人生和社会亦然，永远需要新鲜的生机。等别人从外打破，注定成为别人的食物；自己能从内部突破，就会发现成长是一种新生。

任尔东西南北风

待时云者，欲觇风潮之所向，而从旁拾其余利，向于东则随之而东，向于西则随之而西，是乡愿之本色，而旁观派之最巧者也。（《呵旁观者文》）

我们往往无法选择环境，无法选择可能发生的事、可能遇到的人。我们能做到的，只能也应该是以积极的态度去适应环境、把握自己：不为名利所累、不为物欲所惑、不为人情所困。

什么是LOVE？

世上一切道德的根源，都起于爱——同情心。相爱是万善之根，相妒是万恶之源，就是最高尚的互助和博爱，亦是由于同情所产生的。（《教育应用的道德公准》）

天下最可厌、可憎、可鄙之人，莫过于旁观者。（《呵旁观者文》）

特蕾莎修女的墓志铭只有短短的一句：LOVE ONE ANOTHER AS I HAVE LOVED YOU.

什么是LOVE？

L代表倾听(Listen)，O代表感恩(Obligate)，V代表尊重(Valued)，E代表宽恕(Excuse)。彼此倾听，彼此感恩，彼此尊重，彼此宽恕。

真正的爱，是内心的眷顾，不是嘴上的功夫。

在柴米油盐里活出琴棋诗画

中国向来非不讲美术——而且还有很好的美术，但据多数人见解，总以为美术是一种奢侈品，从不肯和布帛菽粟一样看待，认为生活必需品之一。我觉得中国人生活之不能向上，大半由此。（《美术与生活》）

把琴棋诗画活成柴米油盐，还是在柴米油盐里活出琴棋诗画，这是现代人的问题。

人能仰望，便是幸福

人之志气，最易销磨，而学问亦至易遗失，学成而无所凭借以发挥之，则或慷慨悲吒，颓然自放，或媚世取容，丧其所守，自非有高世之行，绝伦之才，则其不堕落以侪于流俗者几何？（《论政府阻挠国会之非》）

无论身处什么时代，无论身处多么被动的环境，你都不能放弃。不放弃就是最高的信仰，最大的智慧。所谓大智为信仰，大美为心静。有信仰则心静，心静才能看清楚这个世界，然后爱它。

任何一个时代都有阴暗面，狄更斯在《双城记》里说：这是最好的时代，也是最坏的时代；这是智慧的年代，也是愚蠢的年代；这是信仰的时期，也是怀疑的时期；这是光明的季节，也是黑暗的季节；这是希望的春天，也是失望的冬天；我们的前路应有尽有，我们的前路一无所有；我们正直登天堂，我们正直落地狱——但你生活在这个时代，你必须看到阳光的一面，因为你是冲着阳光去生活的，你来到这个世界是为了看太阳。尽管你不能完全消灭阴暗，但至少不要陷在阴暗中不能自拔。一个人总是往前看、往上看就总是能感受到阳光的温暖。人能仰望，便是幸福！

第七章

权利和义务

天下没有白吃的午餐，权利和幸福都得努力争取，无论在什么时代都是如此。

有人说：一杯茶、一本书、一首歌，海滨小住，任思绪远遁；山中养性，听风过树梢；湖边垂钓，看晨曦晚霞。幸福莫过于此。其实，幸福还真不完全莫过于此！幸福是要有基础的，要安心听歌、读书、品茶，那是要诸事和美、心无旁骛的，是要经历多年奋斗和修炼的。真正的幸福既是云淡风轻的境界，更是筚路蓝缕的历程。幸福在于过程，在于心里平淡，日子不平淡！

每个人都是造物主

苟不自知其所处之境遇何若、责任何在，则末由竭才举职以底于高明也。（《敬举两质义促国民之自觉》）

在有信念的人心目中，良心并不是姿态，责任并不是儿戏，事业并不是夸夸其谈，爱国更不是一堆空话。作家瓦当曾言：“我热爱这个国家，或许是因为我没有别的国可爱，我对它并不‘仇视’，更无‘恶意’，这不仅仅是因为我知道仇视没用，更因为我也是其中一员。它若不可爱，我也负有不可推卸的责任。”

没有人要求你创造世界，那是上帝的工作，你要做的就是创造更美好的自己，做好你应该去做的每一件事情，无论面对着什么样的客观环境。而当你这么做的时候，你就已经开始在创造世界、改变世界了。

堂堂地做个人

今日第一要紧的，是人人抱定这尽性主义，如陆象山所谓“总要还我堂堂地做个人”。将自己的天才（不论大小，人人总有些）尽量发挥，不必存一毫瞻顾，更不可带一分矫揉，这便是个人自立的第一义，也是国家生存的第一义。（《欧游心影录》）

任公告诉我们，能够自立，就是爱国。何谓自立呢？堂堂地做个人，发挥自己的能量，不必瞻前顾后，不必虚伪矫揉。

小吏足以亡国

强敌、权奸、流寇，举无足以亡国，惟吏胥可以亡国。（《变法通议》）

左宗棠和胡雪岩打交道时，有人提醒左宗棠要提防胡雪岩——因为“无商不奸”。左宗棠却说：商之所奸只在图利，官若为奸则祸国殃民。

做一只风尘仆仆的鸟

其无咎无誉，卧而治之，无大恶可指者，亦常十居六七焉。夫立木偶于庭，并水不饮，其廉可谓至矣，然而不能为吏者。吏者治事者也，吏不治事，即当屏黜，岂待扰民哉？（《论湖南应办之事》）

虚名日高一日，则责任日重一日。（《自由书》）

河南南阳府衙的楹联上有一句：贪利贪贪名亦贪。一个为了个人“清誉”不做任何实事的官员与木头人何异？官员不能太爱惜自己的羽毛。什么叫正直、责任和大义？孔子说：“言必信，行必果，硁硁然小人哉。”孟子把这个问题说得更明确：“大人者，言不必信，行不必果，惟义所在。”一味低调自保看似坚守原则，当然不会犯错，可也不会解决问题，更不会别开生面。爱惜羽毛的人是经不起大风大浪的。爱惜羽毛是正直，但太爱惜羽毛就走向反面了，为了爱惜羽毛而回避风浪回避矛盾最后就沦为袖手旁观，什么事也不干，什么事也干不了。

其实做人做事都别像爱惜自己羽毛的鸟，总是干干净净生怕沾染灰尘。所谓天高任鸟飞，飞过千山万水的鸟肯定风尘仆仆，干干净净的鸟只有在笼子里才找得到。

总统的乐趣来自责任

人生须知负责任的苦处，才能知道尽责任的乐趣。（《中国道德之大原》）

有一位美国男孩，踢足球时踢碎了邻居家的玻璃，人家索赔 12.5 美元。父亲说：“这 12.5 美元借给你，一年后还我。”从此，男孩开始了艰苦的打工生活。经过半年的努力，他终于将钱还给了父亲，他就是美国前总统里根。当回忆起这件事时他说：“通过自己的劳动来承担过失，使我懂得了什么叫责任。”

我们都活在彼此心里

夫人之生于世也，无论聪明才智若何绝特，终不能无所待于外而以自立，……无一不受环吾身外之赐，其直接间接以恩我者，无量无极，……人若能以受恩必报之信条，常印篆于心目中，则一切道德上之义务，皆若有以鞭辟乎其后，而行之亦亲切有味。（《中国道德之大原》）

某种程度上说，一个人的价值在于别人怎么看你，不在于你怎么看自己。你尽管去宣称你就是你自己，你只对自己负责，只活在自己的生活里而不是别人心里，但其实最终，你就是活在别人心里。因为你活在这个社会里，是这个社会的一份子。你固然可以有出世的心态，但基本上也只能在心态上出世，而你入世的奉献和努力，你的追求和德行，你的善良和关爱都留在这个世间，都会以某种方式去影响、传递和延续，从这个角度讲，从生活和生命的价值来讲，每个人都不是一个孤岛，都活在别人的眼里和心里。在这个物质的时代没钱就是穷，可不管在什么时代，没有关爱和认可岂不更穷？钱可以挣，关爱和认可则是要拿真心去换的。别人为什么要关爱你，凭什么来认可你，你为别人为这个世界做了些什么？你有关爱给别人，你不断向这个世界投射善意，你才有别人的关爱和认可。什么都没有，什么都不做，就只有牢骚和孤独，死抱着一个膨胀的自我，就只能被迫出世，不是你抛弃了世界，而是世界放弃了你。而一个彻底孤独的人又怎能安心，如何幸福？

纵观任公的一生，为了国家的富强，他多次经历生死；为了社会的进步，他四处演讲，创办报刊；为了文化的传播，他桃李满天下，著作等身。而这一切成就的获得，都是在承担义务的心态下取得的。

《老子》曰：“夫唯不争，故天下莫能与之争！”这只说对了一半，不争的是利益，要争的是责任。有觉悟的人，不是被动地做事，而是兴致勃勃地做事。因为他不会把自己与社会对立起来，而自认是社会的一份子，自己所做的事并非为他人而做，完全是为自己而做。心量如此之大，做事如此积极，想要一事无成，上天也不会允许啊！

无益即为害

彼持束身寡过主义者，以为吾虽无益于群，亦无害于群。庸讵知无益之即为害乎？何则？群有以益我，而我无以益群，是我逋群之负而不偿也。（《新民说》）

任公曾在《新民说》中说：“像我恁样的一个人，始终没有能够替社会做出一点事，然而受了社会种种优待，虚名和物质生活都过分了。我若还自己懒惰，不做完我本分内的事，我简直成了社会的罪人。”

当我们忽视那些已得的权利，就同时忽视了未尽的义务。认清自己所拥有的，才会明白，无益即为害。

自由自有其代价

盖天下未有不经过血汗而能得之权利也。（《1900 年 2 月 13 日致邱菽园》）

天下没有白吃的午餐，权利和幸福都得努力争取，无论在什么时代都是如此。

有人说：一杯茶、一本书、一首歌，海滨小住，任思绪远遁；山中养性，听风过树梢；湖边垂钓，看晨曦晚霞。幸福莫过于此。其实，幸福还真不完全莫过于此！幸福是要有基础的，要安心听歌、读书、品茶，那是要诸事和美、心无旁骛的，是要经历多年奋斗和修炼的。真正的幸福既是云淡风轻的境界，更是筚路蓝缕的历程。幸福在于过程，在于心里平淡，日子不平淡！

要别人平视你，就不要仰视别人

西儒之言曰，侵人自由权者为第一大罪，放弃己之自由权者罪亦如之。放弃何以有罪？谓其长恶人之气焰，损人类之资格也。（《中国积弱溯源论》）

权利思想之强弱，实为其人品格之所关。……彼误解权利之真相者，以为是不过于形骸上物质上之利益，断断计较焉。嘻！鄙哉！其为浅丈夫之言也。……权利与利益，其性质正相反对。贪目前之苟安，计锱铢之小费者，其势必至视权利如弁髦，此正人格高下垢净所由分也。（《新民说》）

放弃权利所得到的实惠只是暂时的，坚持权利所得到的实惠才是长久的。《孟子》云：“人必自侮，而后人侮之。”想要别人平视你，你就不要仰视别人。

君子淡以亲，小人甘以绝

幸福生于权利，权利生于智慧。故《诗》曰："自求多福。"（《政治学学理摭言》）

如果在三者中选择一项，我们该选择什么呢？按照任公的句法，似乎是要选择智慧，其实通观全文，我们会发现，任公希望我们选择的是权利。幸福生于权利，这个任谁都懂；权利生于智慧，其实是说，有智慧的人总是维护自己的权利。

《庄子》云："君子之交淡若水，小人之交甘若醴；君子淡以亲，小人甘以绝。"生活中与别人相处得最融洽、最持久的人，往往不是所谓慷慨的人，而是坚持原则的人。"慷慨"的人，会希望别人也一般"慷慨"，所以他终会失望，关系就会受到影响；坚持原则的人，尊重自己的权利，也尊重别人的权利，而别人也会尊重他的权利，相互尊重，自然关系长久。

爱人如己

凡所以爱他者，亦为我而已。故苟深明二者之异名同源，固不必侈谈“兼爱”以为名高，亦不必讳言“为我”以自欺蔽。但使举利己之实，自然成为爱他之行；充爱他之量，自然能收利己之效。（《十种德性相反相成议》）

13 世纪神学家安东尼每次讲学时必有如下开场白：学问若不转向爱，有何价值？

光爱国是不够的，它也应该爱你

参政权与爱国心关系至密切，国民不能容喙于政治，而欲其与国家同体休戚，其道无由！（《上总统书》）

爱国心乌乎起？孟子曰：“吾弟则爱之，秦人之弟则不爱也。”惟国亦然，吾国则爱之，他人之国则不爱矣。是故人苟以国为他人之国，则爱之之心必灭，虽欲强饰而不能也；人苟以国为吾同，则爱之之心必牛，虽欲强制而亦不能也。愈隔膜则其爱愈减，愈亲切则其爱愈增，此实天下之公例也。譬之一家然，凡子弟未有不爱其家者，盖以为家者吾之家，家事者吾之事也；凡奴隶则罕有真爱其家者，盖以为家者主人之家，家事者主人之事也。故欲观其国民之有爱国心与否，必当于其民之自居子弟欤自居奴隶欤验之。

……

今试执一人而语之曰：“汝之性，奴隶性也；汝之行，奴隶行也。”未有不色然而怒者。然以今日吾国民如此之人心，如此之习俗，如此之言论，如此之举动，不谓之为奴隶性、奴隶行不得也。夫使吾君以奴隶视我，而我以奴隶自居，犹可言也；今吾君以子弟视我，而我仍以奴隶自居，不可言也。泰西人曰："支那人无爱国之性质。"我四万万同胞之民。其重念此言哉！其一雪此言哉！

国者何？积民而成也。国政者何？民自治其事也。爱国者何？民自爱其身也。故民权兴则国权立，民权灭则国权亡。为君相者务压民之权，是之谓自弃其国。为民者而不务各伸其权，是之谓自弃其身。故言爱国必自兴民权始。（《爱国论》）

《自由与权力》一书的作者阿克顿勋爵（其最脍炙人口的名言是：权力导致腐败，绝对权力导致绝对腐败）说："没有任何与个体私人目标相对立的公共目标，值得以牺牲个体灵魂和精神的代价去换取。相反，习以为常的原则应该是个体利益优先于无所不包的国家利益才对；国家是自由得到充分保障以制约政府和过分理想化的民众安全之所。"

约翰·肯尼迪在关于柏林墙的一次著名演讲中说：

“……我们从未建造一堵墙把人民关在里面……自由是不可分割的，只要一人被奴役，所有人都不自由。”

小布什在就职演说中说：“人类文明的成果，不是炫目的科技，不是浩瀚的经典著作，而是实现了对统治者的驯服，实现了把他们关在笼子里的梦想。我现在就是站在笼子里向你们说话。”

是的，抽象意义上的国家是不存在的，国家存在的唯一意义是让生活在其中的每一个人都有权利做梦，都有可能圆梦。

第八章

成功之道

成功是一种结果，没有达到就无法满足；成功是一种状态，并不取决于你的拥有；成功还是一种思维，同样的情况在不同人的眼中，认识完全不同。那么，成功到底是什么，不是什么？针对不一样的成功，我们又该如何去争取呢？

冷眼看世界，热心过生活

要而言之，热心和冷脑相结合是创造第一流艺术品的主要条件。换个方面看来，岂不又是科学成立的主要条件吗？（《美术与科学》）

《菜根谭》中一禅语：热闹中着一冷眼，便省许多苦心思；冷落处存一热心，便得许多真趣味。人生的所谓成功，也许就在这冷热之间：冷眼看世界，热心过生活。

挺过每一刻难熬的现在

凡作事，将成功之时，其困难最甚。行百里者半九十，有志当世之务者，不可不戒，不可不勉。（《说悔》）

换个角度来说，任何事情到最后都是好的，如果不好，说明还没到最后。所谓成功，就是挺过每一刻难熬的现在。

你可以放弃什么？

盖事事皆有相因而至之端，而万事皆同出于一本原之地，不挈其领而握其枢，犹治丝而棼之，故百举而无一效也。（《变法通议》）

面对复杂的事物，如何才能做到不漫无目的，不手忙脚乱？这就要有抓住问题关键的能力。如何才能抓住问题的关键？想要知道自己应该抓住什么，首先要了解你可以放弃什么。每当这种时刻，给自己几分钟时间，细致地思索，果决地放弃，最后留下的，就是你该抓住的。

化繁为简，才能举重若轻。

心胸宽广，识人善任

遇有豪杰才过于我，而心术可信者，我当下之，同门不同门之圈限，必当力破。（《1900年2月28日致〈知新报〉同人》）

想要成就一番事业，必然要依托众多有才干的人。面对才能胜于我的人，嫉贤妒能是最要不得的，心胸宽广、识人善任才能成就大事。比如刘邦，没什么特别本事，三杰却皆为其所用，胸中装着天下，再有几杰也装得下。

他山之石，可以攻玉

未经阅历于此事之层累曲折，未从识也，则莫如借他人所阅历有得者，而因而用之。（《变法通议》）

所谓“他山之石，可以攻玉”，欲取得成功，要有了解自己的意识，要有学习他人的精神，要有勤于探究的修养。若自以为是，自作聪明，永远不可能成功。

警惕意想不到的成功

成功大易，而获实丰于斯所期，浅人喜焉，而深识者方以为吊。（《革命相续之原理及其恶果》）

面对意想不到的成功，普通人都会喜出望外。之所以会意想不到，是因为成功来得太容易，或者结果超过了预期。有这样的事情出现，还会有人不开心吗？是的，见识深远的人是不会开心的。

意想不到就是不正常。成功来得太容易，是事情本就简单易行，还是有其他因素的推动？本就简单易行则根本不值得高兴，高兴显示你的志小；有他种因素的推动则亟须了解它的背景和影响，不知祸福又喜从何来？所谓结果超过预期，是误打误撞，还是预期本就不高？误打误撞则之前所为不可取法，下次不见得成功；预期不高则困难尚未解决，后续仍有挑战。

意想不到的成功并不值得高兴，而是需要更加小心谨慎。

捷径是条死路

一食而求永饱者必死，一劳而求永逸者必亡。（《变法通议》）

子曰：“欲速则不达。”捷径其实是最遥远的路，投机其实是最致命的错，追求成功首先要摆正心态，不要为了目的而乱了步伐，忘了思考。成功不是急就章，也不能急就章，没有时间的浸润就不可能有真正的成功。

成功就是向前一步

先生惟乘愿而来，随遇而行，率其不忍人之心，做一事算一事，尽一分算一分而已。（《康南海先生传》）

丈夫以身任天下事，为天下耳，非为身也，但有益于天下，成之何必自我？必求自我成之，则是为身也，非为天下也。（《自由书》）

天下事固有种因在千百年以前，而结果在千百年以后者。（《新大陆游记》）

败于此者或成于彼，败于今者或成于后，败于我者或成于人。（《自由书》）

天下事，作始者用力多而成功少；继起者用力少而成功多。（《中国前途之希望与国民责任》）

成功不是完美，因为这世上本无绝对的完美；成功不在于某个最终的结果，而在于一程程的追求，一程程的超越。成功是“路漫漫其修远兮，吾将上下而求索”的执着追求，是“知其不可而为之”的悲悯情怀。

成功就是向前一步。尽个人的能力，做着将这不完美的社会推向那理想境界的事情，哪怕只是一桩一件，你也是成功的。虽然你不见得看出其中的变化，但它确实已经不是原来的社会。

永远从失败开始

凡任天下大事者，不可不先破成败之见。然破此见，大非易事。必知天下之事，无所谓成，无所谓败，参透此理而笃信之，则庶几矣。（《自由书》）

只要你想做事，便永远是从失败开始。因为相对于理想，现实永远是失败的。既然如此，又何必让成败二字横亘心中呢？

保持一个悠然的心跳

境不迫者心不奋，情不急者力不挚。（《论进步》）

进步是在压力之下求取，还是在平静之中获得？任公选择前者，他有他的理由，当时的中国已处在生死存亡的关头，若不在压力下奋发，就会在压力下灭亡。

然平静之中获得的进步也许更持久，更实在。《四十二章经》中说，佛陀的弟子难以精进，佛陀告诉他，修行如调弦，过缓则奏不出旋律，过急则容易断弦，不缓不急，音调方能谐和。保持一个悠然的心跳，再回首，你便发现自己已在另一重境界了。

有所宗也要有所变

大丈夫行事磊磊落落，行吾心之所志，必求至而后已焉。若夫其方法，随时与境而变，又随吾脑识之发达而变。百变不离其宗，但有所宗，斯变而非变矣。此乃所以磊磊落落也。（《善变之豪杰》）

至于办事宗旨，弟数年来，至今未尝稍变，唯务求国之独立而已。若其方略，则随时变通。（《1899 年致孙中山》）

做事的原则要坚持，做事的方法却不能教条。任公一生以国家富强为己任，所以，只要有益于国家，不管何人执政，坚持何种主义，他都支持；今日赞同君主立宪，明日赞同民主共和，他也不认为是朝三暮四。

韩信攻赵，背水为阵，虽不合兵法“临水”的要求，却活用“置之死地而后生”的道理，而能大破赵军。犹太人用价值五十万美元的票据到银行作抵押贷款，却只借一美元，条件是有提前还贷的权利。这样做的目的是什么呢？只是想找个保险的地方存放这些票据。银行最保险，不但能随时取用，而且费用只是六美分的利息，实在是划算得很。

相反相成的能量

天下固未有无所养而能定大艰成大业者。（《论自由》）

人若要取得成功，大概需要两种东西：技能和修养。技能是你向外求取的工具，却不是你克服困难、成就事业的法宝。而修养是你向内克制的能量，正是由于对内在心性的克制，向外的求取才能专注聚焦，才不致走火入魔。

大小通吃的神话

欲成大功，不见小利。（《变法通议》）

孔子曰：“见小利则大事不成。”把注意力都放在小利上，就看不到周遭的危险。我们以为自己既能够得到利益，又不必付出代价，那实在是天底下最大的误会。

执着于周遭的小事，容易丢弃重要的目标。有这样一个故事：老师用鹅卵石将罐子装满，问学生罐子是否装满了，学生回答是的。但老师又把碎石子装进去了，把沙子装进去了，还把水装进去了。最后，老师告诉大家，如果你不先将鹅卵石放进罐子，你也许永远没机会再把它放进去了！

人生往往是由那些看不见的东西决定的

旷日穷力，以从事于目前之所见，而蔽于其所未见，究其归宿，一无所成，此其智视孺子、野人何如矣？（《变法通议》）

一个故事讲：二战中，美国有一家规模不大的缝纫机厂，生意十分萧条。于是，工厂主改行生产专供残障人士使用的小轮椅，战争中的伤者纷纷购买，工厂的生产规模不断扩大，终于起死回生。战争刚刚结束，工厂主又开始转行生产健身器材，不久，健身器开始走俏，而当时美国市场只此一家，独领风骚。如此，工厂主跻身亿万富豪之列。

人生往往是由那些看不见的东西决定的。《富兰克林自传》说：“一个能力很一般的人，如果有个好计划，也会有所作为。”

责任与效率

清明在躬，则志气如神。天下固未有昏浊营乱之脑质，而可以决大计立大业者。（《自由书》）

处理任何事情，都要始终保持清醒的头脑。怎么才算保持清醒呢？最重要的是知道责任所在。汉朝宰相丙吉出行，碰到百姓械斗，死伤横道，他不闻不问；而见人追牛，牛喘吐舌，他却详细询问。事后他告诉不解的随从：“百姓械斗，是令尹之事，我只根据他们的处理结果进行赏罚即可；春天牛喘，可能是气候失调，关乎国计民生，要早作准备，这才是我要担心的。”

处理任何事情，都要清楚是否有效率。从古至今，我们都赞美头悬梁、锥刺股，赞美囊萤映雪，我们在乎办事的精神更甚于办事的效果。也许我们更应该追问与反思：不顾一切是否根本就是不负责任？

真正的成功与时势地位无关

谓时势地位可以困人，无有是处，其见困者，皆自暴自弃之结果耳。（《岁晚读书录》）

破山贼易，破心贼难。你若困在自心自性之中，任漫天神佛，也搭救不得。

小圆满是伟大的

先生任事，不择小大。常言事无小大，惟在比较。（《康南海先生传》）

自负心的驱动，让我们不清楚自己的能力。我们不肯相信，我们的学历与能力无关；我们不肯相信，我们的聪明与他人一般；我们更不肯相信，我们的性格有任何缺点。

我们自认为有所需要的种种能力，一厢情愿地认为某件事业非我莫属。当情况并非如己所欲，便开始抱怨怀才不遇。这样的你，是永远不会成功的。

要如何改变这样的自己呢？至少要有两种不比较之心。不要比较工作的大小，任何人都有自己的角色，任何工作都是重要的；不要比较能力的大小，“若能在我自己所做的范围以内，做到理想中最圆满的地位，便算伟大。”（梁启超《清华研究院茶话会演说辞》）

胆量和魄力

天下无往非难境，惟有胆力者无难境；天下无往非畏途，惟有胆力者无畏途。（《论进步》）

胆力是成功必不可少的。顾名思义，它是两方面的内容：胆量和魄力。何为胆量？子路以为自己有勇，子曰："暴虎冯河，死而无悔者，吾不与也。"徒手搏虎，徒步涉河，死而不悔，这不是胆量，"临事而惧，好谋而成者"，面对事情，小心谨慎，善于谋划，完成任务的人，才是大勇。廉颇、乐乘认为秦兵不可敌，赵奢曰："其道远险狭，譬之犹两鼠斗于穴中，将勇者胜。"（狭路相逢勇者胜）他听从建议，严阵以待、抢占有利地形，最终战胜秦军，赵奢才是大勇。

子路是有胆量的，却没有与之相配合的魄力，得意的时候要谦虚谨慎；但谦虚谨慎容易陷于摇摆不定，因此还要有主见。廉颇、乐乘是谨慎的，却没有与之相配合的魄力，失意的时候要毫不畏惧；但毫不畏惧容易陷于意气用事，因此还要采纳众言。

一往无前需要大智慧

凡人之得大无畏者，必其能于事物之真相有所洞察，知其有不足畏者存，或知其虽畏而不可避也，则无宁勿畏！故大勇必以大智为本。（《说幼稚》）

戊戌六君子之一的谭嗣同，“被逮之前一日，日本志士数辈，苦劝君东游，君不听，再四强之，君曰：‘各国变法，无不从流血而成，今中国未闻有因变法而流血者，此国之所以不昌也。有之，请自嗣同始。’”（梁启超《谭嗣同》）

我们怕失败，因为我们关注的只是失败带来的后果，却忘记了失败还有它的意义；我们怕牺牲，因为我们关注的只是牺牲对自身的损害，却不知道牺牲还有它的价值。面对不幸，从中找到它的意义和价值，则不幸未尝不是大幸。这不是安慰人生的小精明，而是一往无前的大智慧。

当下升起欢喜

夫苟其挫而不退矣，则小逆之后必有小顺，大逆之后必有大顺。盘根错节之既破，而遂有迎刃而解之一日。（《论毅力》）

人生总不免有百折，否则也不会有“百折不挠”之言，果真能够百折不挠，之后必有康庄大道。很多时候，我们不敢相信，在我们看不到的地方，存在着康庄大道，因此也就失却了百折不挠的勇气。

可是，我们为什么要相信那看不见的康庄大道呢？生命真的会如此戏剧性吗？在险峰之上必有瑰丽的气象？生命真的是公平的吗？穿出隘口便是一马平川？这样的想法自然让人泄气，不过，既然生命不是剧本，人生遍布挫折，何不如此设想，每经过一次挫折，眼前就少了一次磨难？

既然不能对未来提起希望，那么就对当下升起欢喜吧。

每一秒，都是最本质的付出与收获

彼盖知远大之希望，固在数十年之后，而非可取偿于旦夕之间。既非旦夕所能取偿，则所谓拂戾失意之境遇，要不过现在与未来利益之冲突，实为事势所必然。吾心中自有所谓第二世界者存，必不以目前之区区，沮吾心而馁吾志。（《说希望》）

人生是过程，前一秒和后一秒都一样重要。

人生是积累，没有前一秒的付出，自然没有后一秒的获得。当下既是对前一秒的获得，也是对后一秒的付出，你无时无刻不在付出，也无时无刻不在获得。

这是最本质的付出，也是最本质的获得，你付出唯一能付出的，去获得唯一可获得的。

所以，你再厚此薄彼，都必须忍痛割爱。这是生命的得与失。堪破此节，你便会觉得，每一秒纠结的计较，除了浪费每一秒美妙的收获之外，别无意义。

一部善法的自我完善

法者，天下之公器也；变者，天下之公理也。（《变法通议》）

立法善者，中人之性可以贤，中人之才可以智，不善者反是。（《变法通议》）

人不能永存，法也是如此。但与人不同，一个伟大的人物，其继承者不一定伟大；一部伟大的法，却万变不离其“公”。

损人利己，归根到底是损人不利己

《荀子·不苟篇》云："欲恶取舍之权，见其可欲也，则必前后虑其可恶也者，见其可利也，则必前后虑其可害也者，而兼权之，熟计之，然后定其欲恶取舍。如是，则常不失陷矣。"今人之所以求富贵利达者，惟见可欲可利，而不知其后有可恶可害者存，是得为智者矣乎。（《岁晚读书录》）

做任何事之前，都应该先问自己几个问题。我要得到什么？通过什么方法？用这种方法我需要付出什么？别人又需要付出什么？损人利己的事情，归根到底是损人不利己的。

坦然面对

素位而行，顺受其正，是其生平所最服膺之语。（《康南海先生传》）

人生最难得的，就是坦然。因为人生最易有的，就是贪嗔痴。有了这三毒，你便无法做到坦然。

独立思考

一世之俗论，嚣嚣集矢，而吾之主见如故；平生之政党，纷纷离合，而吾之主见如故。（《自由书》）

凡为社会任事之人必受风波，吾数十年日在风波中生活，此汝所见惯者，俗语所谓见怪不怪，其怪自败，吾行吾素可耳。（《1921 年 5 月 30 日致思顺书》）

有自己的主见并不是要你不听劝告，一意孤行，而是说当你面临抉择时，要保持清醒的头脑，不人云亦云，坚持作出自己的思考和判断。事实上，能够产生善果而不是导致恶果的主见，都不是以自私的念头去坚持的。